KB001173

어린 왕자,
진짜 중요한 건
눈에 보이지 않아

* 이 도서의 국립중앙도서관 출판예정도서목록(CIP)은 서지정보유통지원시스템 홈페이지(http://seoji.nl.go.kr)와 국가자료공동목록시스템(http://www.nl.go.kr/kolisnet)에서 이용하실 수 있습니다.
(CIP제어번호: CIP2018015864)

일러두기

* 본문 하단의 주는 저자(김서영) 주입니다.

어린 왕자
심리 수업

어린 왕자,
진짜 중요한 건
눈에 보이지 않아

김서영
손병진
김건욱
이수빈
이창수
조일남
김은빈
박재희
이혜림
지승엽

은행나무

추천사

역설의 찬란함

가르치는 사람으로 살아가면서 가장 행복하고 보람된 부분 중 하나는 늘 학생들에게서 배울 수 있다는 것이다. 학생들은 교수가 식자識者입네 자처하는 편견과 오만에 빠지지 않을 수 있도록 돕는 안전장치와도 같은 존재들이다. 학자로서 의견을 제시할 때 첫 청중으로서 내 곁에 있는 학생들은 정말 소중하다. 그런데 학생들은 항상 자신들만이 무엇인가를 배운다고 믿는다. 그래서 나는 이것을 역설이라 부르고 싶다.

'일반적인 의견doxa'에 반para하는 생각이 '역설paradox'인데, 이 책은 교수자와 학습자 간에 발생하는 이 찬란한 역설을 잘 보여주고 있다. 김서영 교수는 강의의 전모를 소개하는 형식으로 『어린 왕자』를 학생들과 함께 분석하여 이 책을 구성했다. 이는 정신분석학자로서의 뛰어난 역량과 모든 학생들의 의견을 소중히 여기는 김서영 교수의 사랑이 밑바탕이 되어, 사제 간이 만들어낸 아름다운 협주곡이다. 학생들의 신선한 시각과 이를 학문적으로 풀어내는 김서영 교수의 대화법이 흥미

진진하다.

일본 고전문학 전공자로서 늘 일본의 고대인들이 '이야기story telling'(모노가타리·物語)에 집착하는 모습에 의아해하곤 했는데, 이 책을 통해 그 이유를 알게 되었다. 그들은 사실 그 이야기를 반복 음미하는 가운데 자신의 고뇌를 투영해 보며 마음을 치유하고 있었던 것이다. 나는 이 책이 독자에게도 마음의 치유를 선물하게 될 것이라 믿는다.

권혁인(광운대 인제니움학부대학 교수)

새롭게 경험하는 『어린 왕자』

지난 학기 동안 김서영 선생님은 저랑 마주 앉을 때마다 두 눈을 반짝이며 『어린 왕자』 이야기를 하곤 했습니다. 사람은 자신의 마음에 담긴 이야기를 화제로 올리게 되어 있습니다. 선생님은 학생들 이야기도 했습니다. '인간과 예술' 과목을 수강하는 학생들이 글을 너무 잘 쓴다며, 학생들의 뛰어난 통찰력과 이해력, 그리고 창작 능력을 칭찬했습니다.

그냥 맞장구를 치면서 지나가는 이야기려니 했었는데, 겨울이 시작되며 김서영 선생님은 마음에 담아두었던 자신의 꿈을 이루어보고 싶다는 말을 꺼냈습니다. 끈끈한 정서적 유대감 속에서 학생들과 함께 만들어간 한 학기의 수업을 다른 사람들과도 나누고 싶다고 했습니다. 그리고 오늘 저는 김서영 선생님이 학생들과 함께 만들어낸 책의 추천사를 쓰고 있습니다.

학생들은 새로운 이야기를 들려줍니다. 그것은 우리의 생각과 예상을 뛰어넘는 해석입니다. 학생들은 이 책을 통해 우리에게 스토리 이면의 세계를 소개하고 있습니다. 『어린 왕자』는 어렸을 때부터 스토리와 그림 모두 익숙했던 동화인데, 이 책을 읽다 보면 『어린 왕자』가 다르게 보입니다. 그리고 이런 이야기들이 나보다 경험이 적고 한참 어린 학생들의 마음과 생각에서 나왔다는 것에 놀라게 됩니다.

학생들의 생각을 공유해보세요. 그리고 『어린 왕자』의 이야기를 새롭게 경험해보세요. 『어린 왕자』를 이해하는 학생들의 통찰력과, 학생들의 능력을 이해하는 김서영 선생님의 통찰력에 박수를 보냅니다. 함께하는 내면 작업을 통해 우리에게 새로운 책을 선물해준 학생들과 김서영 선생님께 감사의 마음을 전합니다.

이상희(광운대 산업심리학과 교수)

목 차

들어가며

다시 꿈꾸다

꿈의 조언—어린 왕자를 찾아서

2017년 여름, 꿈에 앵무새가 등장했습니다. 지치지도 않는지 끝도 없이 반복해서 고개를 끄떡이고 있었어요. 깨자마자 꿈을 분석했습니다. 물론 그 앵무새는 제 모습이었죠. 꿈의 메시지는 명확했습니다. 새로운 도전을 하라는 뜻이었습니다. 저는 바로 2학기 강의를 새롭게 구성했습니다. 늘 다루어보고 싶었지만 강의를 시작한 2003년 이후 한 번도 용기를 내지 못했던 작품을 과감히 포함시켰어요. 바로 『어린 왕자*Le Petit Prince*』(1943)였습니다.

제가 가장 사랑하는 책이지만 강의에서 그 얘기를 꺼낸 적은 없습니다. 도대체 무슨 말인지, 어떻게 분석을 해야 하는지 알 수가 없었기 때문이었어요. 가장 큰 문제는 어린아이가 죽는다는 것이었습니다. 어린 왕자는 뱀에 물려 죽습니다. 그게 어떻게 동화인가요? 그런데 왜 저는 이 작품을 그렇게 좋아할까요? 왜 전 세계의 어른과 아이들이 이 작품을 사랑하죠? 말도 안 되는 내용인데, 왜 어린 왕자의 그림은 항상 제 안의 무엇인가를 강하게 자극하는 걸까요? 저는 이 작품을 이해할 수 없었습니다.

강의는, 학생들에게 정신분석학과 분석심리학을 가르치고 학생들이 그 이론을 잘 이해하고 활용할 수 있도록 돕는 것이 목적이었으므로, 강의 시간에 선택한 작품들은 모두 분석의 방향이 명확한 것들이었어요. 정신분석학을 가르칠 때는, 히스테리적 구조와 강박적 구조를 잘 설명할 수 있는 〈펀치 드렁크 러브Punch-Drunk Love〉(2002)나 〈이보다 더 좋을 순 없다As Good As It Gets〉(1997)와 같은 영화들을 선택했고, 분석심리학을 가르칠 때는 융이안Jungian분석 치료를 받은 헤르만 헤세Hermann Hesse, 1877~1962의 『데미안*Demian*』(1919)을 다루었죠. 정신분석학 중 자크 라캉Jacques Lacan, 1901~1981의 이론을 가르치기 위해서는 라캉이 분석했던 에드거 앨런 포Edgar Allan Poe, 1809~1849의 「도난당한 편지The Purloined Letter」(1844)를 언급했습니다. 눈을 감고도 수학 공식처럼 분석 내용들을 줄줄 외울 수 있었어요. 그러나 『어린 왕자』는 달랐습니다. 아무리 다시 읽어도, 아무리 애를 써도 도대체 무슨 말인지 이해할 수 없었습니다.

그런 작품을 강의 시간에 언급하는 건 위험해요. 제가 모르는 이야기를 하게 되잖아요. 그런데 삶이 흥미로워지는 지점은 바로 무모한 용기를 내는 순간들이 아닐까요? 어떻게 될지 모르지만, 또 무슨 이야기를 하게 될지 모르지만, 한번 해보는 거죠. 지난 학기에 마침내 용기를 냈습니다. 광운대학교에서 10년 동안 학생들을 만나며 저는 점점 더 용감한 사람이 되어 가고 있었습니다. 학생들은 저보다 현명했으며 씩씩했고 너그러웠습니다. 그들은 삶을 사랑했고, 사람을 존중했고, 관계를 소중히 여겼어요. 제가 뭘 상상하든 언제나 그 이상의 이야기들을 들려주었고, 예상 밖의 질문들로 저를 성장하게 했습니다. 제가 어떤 이상한 용기를 내든 학생들은 제 새로운 시도들을 즐겨주었습니다. 늘 그랬듯이, 이번에도 학생들을 믿기로 했습니다.

『어린 왕자』 이야기를 꺼내던 날, 저는 학생들에게 미안하다고 말했습니다.

> 정말 미안해요. 제가 잘 아는 이야기를 해야 하는데, 제가 앉아 있는 이 자리는 가르치는 위치인데, 이 작품을 잘 모르겠어요. 가르칠 게 없어요. 무슨 이야기인지 정말 모르겠거든요. 이 작품을 사랑하기에 더 답답해요. 너무나 잘 아는 내용인데, 그게 무슨 뜻인지 모르겠어요. 너무나 답답하고 너무도 불편하네요. 이 작품을 도대체 어떻게 읽으면 좋을까요? 도와주세요, 여러분.

학생들은 그동안 제가 들려준 정신분석학과 분석심리학 이야기를 바탕으로 『어린 왕자』를 분석해주었습니다. 그렇게 우리의 어린 왕자 이야기가 태어났습니다.

하나의 작품을 정신분석학적으로 분석한다는 건 성적 상징을 찾는다는 뜻이 아닙니다. 『어린 왕자』에 나오는 우물을 남근의 상징으로 설명하거나, 비행기가 사막에 불시착하는 장면을 성적으로 해석하면 『어린 왕자』의 아름다움과 신비가 사라져버립니다. 그것은 정신분석학이 아니에요. 그런 비평을 읽고 우리가 마음 깊이 사막의 아름다움을 느낄 수 있을까요? 책을 덮은 다음, 어린 왕자를 내 마음에 담게 될까요? 정신분석으로 작품을 설명한다는 것은 그 작품이 가진 치유적 에너지를 포착하고, 그 힘을 더 많은 사람들이 공유할 수 있도록 퍼뜨리는 작업을 뜻합니다. 정신분석학은 아픈 사람을 치료하는 이론이자 망가진 마음이 회복되는 이야기에요. 그것은 행복하고 건강하고 기쁜 삶에 대한 이야기입니다. 정신분석 전공자로서 그런 부분이 속상했어요. 작품의 아름다움을 없애는 비평에 정신분석학이 사용되는 것이 안타까웠습니다. 진정한 정신분석적 비평은 『어린 왕자』를 읽었을 때 우리의 마음이 왜 따뜻해지는지, 우리가 왜 이 동화를 사랑하는지를 설명해주고 긍정적 감정을 증폭시킬 수 있도록 도와줍니다. 그것이 정신분석학이라는 이론의 역할입니다.

정신분석학은 우울한 사람에게 삶의 에너지를 선물하고, 외로운 사람에게 관계의 마술을 거는 실천적 이론으로 이 학문을 공부하고 가르치는 유일한 이유는 우리의 삶을 더 풍요롭게 만들기 위해서입니다. 정신분석학은 내가 무엇을 잘하는지 알고, 내가 무엇을 좋아하는지 이해하고, 내가 가진 가장 좋은 것을 세상에 펼쳐낼 수 있는 삶을 꿈꿉니다. 놀이가 노동이 되고 노동이 놀이가 되며 그렇게 일상의 반복 속에서 전문가가 탄생하는 삶, 더 많은 사람들의 손을 잡고 더 많은 관계를 만들어가는 삶, 멘토를 만나 깨우치고 성장하고 어느 순간 나 자신이 누군가의 멘토가 되는 그런 삶, 그것이 바로 정신분석이 꿈꾸는 삶의 모습입니다. 힘을 내기 위해, 나 자신을 이해하기 위해, 타인을 바라보기 위해, 진정으로 함께 꿈꾸기 위해, 세상으로 나아가기 위해 우리는 정신분석학을 활용할 수 있습니다. 저는 이 이야기들을 학생들에게 들려주었습니다.

그런데 다른 사람의 시선 속에 갇힌 삶, 나 자신의 규칙을 넘어서지 못하는 제한된 삶, 미숙한 삶, 또는 균형 잡힌 삶, 조화로운 삶, 성숙한 삶, 신비로운 삶에 대한 이야기들은 멋지게 들려주면서도, 유독 『어린 왕자』에 이르면 아무 생각이 떠오르지 않았습니다. 특정 영화나 문학 작품에 대한 정신분석학적 소고를 요청받을 때는 늘 자신이 있었습니다. 세상의 모든 작품을 정신분석학적으로 분석할 수 있다며 거침이 없었습니다. 정신분석학이 삶 그 자체에 대한 이야기이기 때문입니다. 그러나 『어린 왕자』는 달랐어요. 할 이야기가 없었습니다. 어디서 시작해야 하는지, 뭘 이야기해야 하는지 오리무중이었고, 제가 왜 이 작품을 좋아하는지조차 알 수 없었습니다.

놀랍게도 학생들은 너무나 쉽게 『어린 왕자』에 대한 정신분석학적 해석을 제시해주었습니다. 그들은 그 어려운 라캉의 삼각형을 수월히 변주해내며 그것이 삶의 이야기라고 말했고, 강박과 히스테리라는 지극히 이론적인 개념들을 자유롭게 사용하며 『어린 왕자』 속 인물들을 분석했습니다. 저는 학생들에게 이렇게 말할 수밖에 없었어요.

수업에 사심이 있으면 안 되는데, 이번에는 그렇게 되었네요. 여러분에게 준 것 없이 제가 너무 많이 받아가게 되었습니다. 여러분 덕에 왜 제가 『어린 왕자』를 사랑했는지 알게 되었어요. 다시 힘을 내고, 다시 꿈꿀 수 있게 되었네요. 다시 어린 왕자를 만날 수 있게 되었어요. 이제는 그 장면에서 더 이상 고개를 돌리지 않아요.

『어린 왕자』에 대한 분석심리학적 분석

정신분석학을 전공한 학자로서 저는 다소 독특한 위치에 배치되어 있습니다. 그 이유는 오래 전부터 제가 정신분석학과 전혀 다른 치유 학문인 분석심리학을 믿어왔기 때문입니다. 두 학문은 분석 이론도 분석 방식도 매우 다르기에 두 방식을 섞는 건 위험해요. 그런데 저는 2003년 운명처럼 분석심리학을 만난 후* 지난 15년간 두 영역을 오가며 공부해왔고, 지금도 여전히 정신분석학과 분석심리학 모두 마음으로 믿고 있습니다. 저는 두 이론을 상보적으로 활용할 때 치유 효과가 배가된다고 확신합니다. 그래서 학생들에게도 정신분석학 이론과 분석심리학 이론을 함께 가르칩니다. 학생들은 한 학기 동안 하나의 작품을 매번 한 번은 정신분석학적으로, 그리고 또 한 번은 분석심리학적으로 분석하게 됩니다.

---

* 분석심리학에 빠져들게 된 사연은 『영화로 읽는 정신분석』, 은행나무, 2014[2007]에서 밝힌 바 있습니다.

제 첫 책인 『영화로 읽는 정신분석』도 제목과는 다르게, 반은 정신분석학적 영화 분석으로 그리고 나머지 반은 분석심리학적 영화 분석으로 내용을 구성했습니다. 『내 무의식의 방』(2014)에서는 하나의 꿈을 한 번은 정신분석학적으로, 그리고 또 한 번은 분석심리학적으로 분석했고, 『프로이트의 편지』(2017)에는 정신분석학의 창시자인 지그문트 프로이트Sigmund Freud, 1856~1939와 분석심리학의 창시자인 칼 구스타프 융Carl Gustav Jung, 1875~1961이 결별하게 되는 과정을 담았습니다. 『드림 저널』(2017)이라는 꿈 일기장 역시 하나의 꿈을 정신분석학과 분석심리학으로 분석할 수 있는 노트입니다. 이렇게 두 이론은 삶의 중요한 토대가 되어 저를 지탱하고 있습니다.

그런데 『어린 왕자』에서만은 도대체 어떤 이론으로 접근해야 할지조차 알 수 없었습니다. 정신분석학이 더 어울릴까요? 아니면 분석심리학이 더 수월할까요? 사실 이 작품에서는 대극도 찾을 수가 없었습니다. 어린 왕자의 대극이 조종사인가요? 그러나 그 둘을 서로의 반대편에 배치할 수는 없었습니다. 이 작품 속에 어린 왕자의 대극이 나오기는 하나요? 생각이 막혀버려 답답함이 차올랐습니다. 그때 학생들이 『어린 왕자』에 대한 분석심리학적 설명을 시작했습니다. 그들은 그림자라는 개념의 의미를 확장하여 제가 그동안 느꼈던 불편함 자체를 분석해주었습니다. 그리고 진정으로 한 사람을 이해하는 것과 진정으로 그를 사랑하는 것이 무엇인지 들려주었고 오롯이 나 자신으로 머무는 법과 정성을 기울여 타인을 돌보는 법을 알려주었습니다. 저는 이렇게 말할 수밖에 없었습니다.

『어린 왕자』가 그런 이야기였군요. 사람을 돌보는 것, 정성을 기울이는 것, 그리고 나 자신을 사랑하는 것. 참 쉽네요. 그렇게 쉬운 이야기였어요. 저는 이 작품과 관련하여 그런 이야기를 들어본 적이 없어요. 그렇게 생각해본 적도 없고, 그런 분석을 읽어본 적도 없습니다. 앞으로도 저는 결코 떠올릴 수 없는 생각이에요. 저만 듣기에는 너무 아깝네요. 책으로 만들어 사람들에게 알리고 싶어요.

그렇게 우리의 『어린 왕자』 프로젝트가 시작되었습니다.

『어린 왕자』 프로젝트의 기획

이 책의 목적은 『어린 왕자』에 대한 학생들의 분석을 소개하는 것이 아닙니다. 그보다는 학생들이 제시한 『어린 왕자』 이야기를 대중에게 소개하는 것입니다. 학생들을 위해 하는 작업이 아니라는 뜻입니다. 그들에게 한 권의 책을 선물하기 위해 기획한 일이 아닙니다. 그들의 이야기를 독자에게 선물하기 위해 구상한 작업입니다. 학생들의 분석은 보편성을 가지고 있었습니다. 그것은 삶, 죽음, 사랑, 이별, 친구, 관계, 슬픔, 행복, 좌절, 희망, 꿈 그리고 미래에 대한 이야기였습니다. 저는 그 이야기들을 듣고 난 후, 어린 왕자를 떠올리며 미소 지을 수 있게 되었고, 양과 뱀, 여우와 꽃의 이야기를 이해할 수 있게 되었습니다. 저는 더 이상 『어린 왕자』가 불편하지 않습니다.

예전부터 『어린 왕자』의 독어본, 불어본, 영어본, 우리말본을 필사

하고 문장들을 외우며 언어 공부를 했었는데, 늘 가슴이 메고 눈물이 쏟아질 것 같은 장면들 때문에 이 작업이 즐겁지만은 않았습니다. 그러나 이제는 달라요. 모든 문장이 아름답게 느껴지고, 그 문장들을 만날 때마다 제가 치유됨을 느낍니다. 하루의 피로가 풀리고, 분노가 가라앉고, 나아가 제 삶과 사람과 세상을 더욱 사랑하게 되었습니다. 제 일상의 작은 세부에 더 정성을 기울이게 되었습니다. 이 마술을 사람들과 함께 경험하고자 이 책을 기획하였습니다.

그 과정을 더욱 자세히 말씀드리겠습니다. 2017년 2학기 79명이 수강한 '인간과 예술'이라는 제목의 강의에서 저는 『어린 왕자』 분석을 과제로 제시했습니다. 학생들이 제출한 과제물을 읽고, 학생들에게 책을 만들자고 제안했습니다. 학점과 무관한 일이었기에, 참여할 의사가 있는 학생들은 학기가 끝난 후 분석 보고서를 제출해달라고 부탁했습니다. 아홉 명의 학생이 보고서를 제출했습니다. 분석들을 읽은 후 저는 충분히 한 권의 책이 될 수 있다고 판단했습니다.

보고서에는 이론들이 많이 언급되었습니다. 학생들의 분석 내용을 이야기하기 위해서는 일단 그들이 활용한 이론을 설명할 필요가 있었습니다. 또한 그 이론들을 학생들이 어떻게 이해하는지, 그리고 어떻게 변주하는지도 언급해야 했습니다. 이를 위해 아홉 명의 학생들이 한 학기 동안 제출한 과제물과 중간고사 및 기말고사 답안지를 찾았습니다. 그리고 이 자료들을 정독하고 숙지하였습니다.

그 후 다음과 같이 세 부분으로 책을 구성하였습니다. 첫 번째는 『어린 왕자』 분석을 위한 이론 강의입니다. 학생들이 정신분석학 이론과 분석심리학 이론을 기반으로 분석을 제시했기에, 용어와 이론을 설명할 필요가 있었습니다. 두 번째는 아홉 명의 학생들과 둘러앉아 『어린 왕자』에 대해 자유롭게 이야기하는 세미나입니다. 여기서 학생들의 『어린 왕자』 분석과 이론에 대한 그들의 생각이 소개됩니다. 학생들의 과제물 및 시험 답안, 그리고 분석 보고서의 내용도 대화 형식으로 함께 배치했습니다. 대화에는 실제 강의 시간에 아홉 학생과 제가 주고받은 질의응답도 포함되어 있습니다. 인쇄된 형태로 남기지 않았기에, 기억을 토대로 명확히 떠오르는 부분만을 포함시켰습니다. 이 모든 과정에서 가능한 한 학생들의 말을 그대로 옮기고, 그들이 제시한 분석을 모두 언급하고자 최선을 다했습니다. 오자 등을 중심으로 최소한만 수정했으며, 최종 원고는 학생들의 확인 및 수정을 거쳐 완성되었습니다. 책의 마지막에는 학생들의 분석을 토대로 『어린 왕자』에 대한 이야기를 정리하였습니다.

학생들 덕분에 잊고 지냈던 많은 기억들을 불러올 수 있었습니다. 더 용감해졌고, 삶에 더 정성을 쏟을 수 있게 되었습니다. 제가 그랬듯이, 이 책을 통해 독자들이 더 따뜻하고 더 용기 있는 어린 왕자를 만나게 되길 바랍니다. 학생들의 도움으로 다시 꿈을 꾸게 되었습니다. 그 꿈의 이야기를 여러분과 공유하고 싶습니다.

1부 강의

정신분석학과 분석심리학이 들려주는
치유 이야기

정신분석학이란 무엇일까요?

강의 소개

여러분 안녕하세요? 저는 김서영 교수입니다. 여러분과 『어린 왕자』 프로젝트를 진행하게 되었어요. 이 프로젝트에 자원해주어 고맙습니다. 앞으로 열 차례에 걸친 강의 동안 한 편의 작품을 분석할 수 있는 다양한 접근 방식들을 살펴보고, 분석을 위한 이론적 도구들을 제시할 것입니다. 본 강의에서 여러분은 이론을 학습하고, 배운 이론을 어떻게 활용할 수 있는지 실습한 후, 『어린 왕자』 분석이라는 실전으로 넘어가게 됩니다. 실전 준비를 돕는 것이 제 역할입니다.

본 강의의 형태는 『어린 왕자』 분석이라는 목표를 설정하고 이를 위해 이론 숙지 및 활용 실습을 거치며 토대를 마련해가는 PBL러닝(문제 기반 강의) 방식입니다. 우리는 우선 인간과 삶을 분석하는 두 영역의 이론들을 다룰 것이며, 각 이론의 실천적 활용도 연습해볼 것입니다.

이 과정에서 가장 중요한 것은 개념을 외우거나 정의를 암기하는 것보다는 그 이론들을 자신의 삶 속에 적용할 수 있는 경지에 도달하는 것입니다. 제가 도와드릴 테니 한 걸음, 한 걸음씩 한 학기의 여정을 함께 걸어봅시다.

아무 걱정 하지 않으셔도 됩니다. 글 쓰는 법, 분석하는 법은 제가 가르쳐드려요. 여러분이 해내야만 하는 가장 중요한 과제는 사실 온전한 나 자신이 되는 것입니다. 그래야 작품이 보일 겁니다. 나는 절대로 내 옆에 있는 사람과 백 퍼센트 같은 생각을 할 수 없어요. 유사한 생각이라도 그 기원과 세부는 모두 다르지요. 그 작은 부분들이 스타일을 결정합니다. 이 강의에서 여러분에게 가장 먼저 질문하고 싶은 건, 내가 나 자신을 이해하고 있는가 입니다. 내가 좋아하는 게 뭔가요? 언제 행복해요? 뭘 할 때 오래 해도 지겹지 않아요? 내가 가장 편안하고 안정되는 시간은 언제예요? 가만히 내면을 들여다보세요. 그리고 온전한 나 자신으로서 내 생각을 편안하게 이야기해주면 됩니다.

우리는 지금부터 정신분석학과 분석심리학이라는 분석 도구를 학습한 후, 이 도구들로 어떻게 작품을 분석할 수 있는지 함께 살펴볼 겁니다. 중간에 제가 글 쓰는 법, 분석하는 법에 대해 따로 자세히 말씀드릴게요. 우리가 영화, 문학, 그림 등의 예술 작품들을 다루는 이유는, 그 작품 자체를 이해하기 위해서라기보다는 이 과정을 통해 분석 방법을 연습하기 위해서입니다. 제가 지금부터 가르쳐드릴 이론들은 궁극적으로 나 자신을 이해하고 내 주위 사람들을 이해하기 위한 도구랍니다.

지그문트 프로이트

정신분석학의 창시자인 지그문트 프로이트는 1856년에 지금의 체코령인, 오스트리아-헝가리 제국, 모라비아 지역의 작은 마을, 프라이베르크에서 태어났습니다. 아버지 사업이 어려워져 네 살 때 빈으로 이주한 이후 나치를 피해 영국으로 망명한 1938년까지 그곳에 살았어요. 빈 대학 의학부를 졸업하고, 브로이어Josef Breuer, 1842~1925라는 선배와 함께 히스테리 연구를 하게 된 계기로 프로이트는 심리 치료의 영역에 뛰어들게 됩니다. 사실 정신분석학이라는 학문은 브로이어가 시작했다고 볼 수 있어요. 그는 프로이트보다 열네 살 위였으며, 이미 베르타 파펜하임Bertha Pappenheim, 1859~1936이라는 환자를 치료하며 정신 치료에 가장 중요한 것은 '대화'라는 사실을 깨달았거든요. 그는 말로 표현하지 못했던 것들을 환자가 언어로 표현한 후 증상이 호전되는 것을 목격했어요. 브로이어는 형편이 좋지 않아 도판이 있는 비싼 책은 사지 못하고 밥도 제대로 못 챙겨 먹는 프로이트를 친형 또는 아버지처럼 챙겨주었는데, 집에 불러 배불리 먹인 어느 날 자신의 환자 이야기를 프로이트에게 하게 되죠. 그는 이 어린 후배에게, 최면 같은 빠른 치료는 지속적인 효과가 없는데 의식이 있는 상태에서 이야기를 하면 문제들이 해결되는 경우가 많았다는 경험과 말 자체에 치유 효과가 있는 듯하다는 생각 등 최근의 발견들을 열심히 알려줘요.

그런데 왜 우리는 브로이어가 아니라 프로이트를 정신분석학의 창시자로 기억할까요? 그 이유는 브로이어가 스트레스를 견디지 못하고 이 신생 학문에서 손을 떼버렸기 때문입니다. 어떤 일을 할 때, 모든 것이 계획대로 순조롭게 진행되지는 않아요. 삶은 균열과 변수와 돌발 상황으로 가득하죠. 특히 새로운 일을 할 때는 지침도 없고 정답도 없이 모든 걸 새롭게 개척해야 하잖아요. 모든 순간과 모든 사건이 다 변수인 셈인데, 그 불안을 견디지 못했던 거예요. 일을 하다 보면, 그냥 다 그만둬버리고 싶은 순간들이 문득문득 찾아온답니다. 브로이어는 그 순간이 찾아왔을 때 두 손을 들고 도망쳐버렸어요. 프로이트는 달랐죠. 그는 시행착오와 실수와 변수와 균열과 돌발 상황들 속에서도 묵묵히 모든 것을 기록하며 공부해나갔어요. 그가 그렇게 할 수 있었던 건 '대화 치료'에 대한 믿음 때문이었죠. 그는 환자가 자신의 삶과 상태와 문제에 대해 성찰하고 그것에 대해 말할 때 상태가 호전된다는 걸 확인했고, 그 사실을 믿었습니다. 말할 대상이 없고, 내 이야기를 들어줄 사람이 없을 때 출구를 찾기란 정말 어려워요. 힘들 때 우리에게 필요한 건 그저 '한 명'의 친구인데요. 프로이트는 바로 이 '관계'가 우리를 치유한다고 믿었습니다.

이 세상에 나를 이해하는 사람 한 명이 있다면 우린 다시 힘을 낼 수 있어요. 프로이트는 진정으로 한 사람을 이해한다는 것이 무엇인가를 연구한 사람입니다. 인간을 이해하기 위해서는 그의 모든 것을 잘 관찰할 필요가 있어요. 그 관찰 방법이 바로 정신분석학이죠. 무엇을 관찰할까요? 물론 어떤 제스처를 쓰는지, 밥은 잘 먹는지, 화장실은 잘 가는지 관찰하는 것도 중요해요. 그런데 이와 함께 그의 '이야기'도 들어야 합니다. 그가 하는 모든 말을 다 자료로 삼아 관찰하면, 그 사람이 지금 어떤 상태인지, 그가 행복한지, 왜 그런 상태인지, 어떻게 해야 하는지 알 수 있죠. 모든 세부를 고려하여 그 사람을 분석하는 것이 바로 정신분석학이며, 우리는 동일한 방법론으로 작품을 분석하게 됩니다.

해석이라는 가장 강력한 항우울제

프로이트는 환자가 자신에 대해 아무 이야기도 하지 않으면 결코 근본적인 치료가 이루어질 수 없다고 생각했습니다. 현재의 상태에 대해 적극적으로 이야기하지 않은 채 표면적인 신체 증상만 없애려한다면, 어떤 치료를 받건 그 치료 효과가 지속되지 않는다는 것입니다. 오늘날 현대 의학에 익숙한 언어로 풀어보면, 변화의 노력을 하지 않은 채 항우울제나 수면제를 먹는 경우, 다음 날 아침 눈을 떴을 때 아무것도 변하지 않은 상황은 환자를 더욱 고통스럽게 만든다는 거죠. 말이라는 건 부족함이 많지만, 우리가 가진 유일한 도구랍니다. "내가 많이 힘들어요. 나한테 그렇게 하지 마세요"라고 말하는 게 정말 힘들죠. 그런데 말하지 않으면 아무것도 시작되지 않아요.

프로이트는 정신분석학을 말로 생각을 표현하는 치료라고 정의했어요. 말을 많이 하다 보면 현재의 문제도, 그리고 그 문제를 해결할 수 있는 방법의 실마리도 드러난다는 거죠. 내 몸과 마음이 가장 편안한 상태를 찾고 그 상태를 유지하기 위해 노력할 수 있다면, 그게 바로 행복을 위한 첫걸음이 아닐까요? 늘 찡그리고, 눈물이 고여 있고, 힘들고, 불행하고, 스트레스를 받는다면 행복한 상태가 아니라는 뜻이잖아요? 그렇다면 어떤 부분이 힘든지, 그리고 어떻게 하면 안정된 상태로 나아갈 수 있는지 성찰해봐야겠죠. 프로이트는 우리가 사람들과의 관계 속에서 어떤 부분을 바꾸어야 할지 생각해보고, 실제로 그렇게 개선하기 위해 내 앞의 사람에게 '말'을 해야 한다고 조언합니다. 그게 정신분석학의 실천입니다.

프로이트는 그러한 말하기를 '해석'이라고 불러요. 하나의 사건에 대해 우리는 모두 다른 방식으로 설명해요. 그 사건을 어떻게 받아들이는가도 사람의 개성에 따라 모두 다르답니다. 내게는 힘든 문제인데, 다른 사람에게는 별 일이 아닐 수 있어요. 그럴 땐 내가 이 상황을 어떻게 받아들이고 있는지, 즉 내가 그 문제를 어떻게 해석하는지에 대해 이야기해야 합니다.

다른 사람을 이해하는 것, 그리고 물론 나 자신을 이해하는 것 역시 해석과 밀접하게 관련되어 있습니다. 하루는 한 사람이 프로이트에게 묻습니다. "선생님, 결국 어떻게 해도 과거는 바뀌지 않잖아요?" 프로이트는 이렇게 답합니다. "네, 바뀌지 않아요. 그렇지만 해석은 달라질 수 있죠. 과거에 대한 해석이 달라지면 현재도 바뀐답니다."* 현재가 바뀌면 물론 미래도 바뀝니다.

이 강의는 다르게 해석할 수 있는 능력을 배양하는 기회가 될 것입니다. 하나의 해석에 갇혀 있던 현재가 새로운 해석들에 의해 자유로워지면, 더 많은 것을 보고, 듣고, 말하고, 이해하고, 상상할 수 있게 됩니다. 그러기 위해 우리는 몇 개의 예술 작품을 선택하여 정신분석학적 분석을 연습해볼 것입니다. 그 전에 분석이라는 걸 도대체 어떻게 해야 하는지 가장 기본적인 것부터 먼저 살펴봅시다.

---

* 브로이어와 프로이트의 『히스테리 연구(Studien über den Hysterie)』(1893~1895)에 나오는 마지막 문장을 압축했습니다.

분석하는 방법을 알려드릴게요

나를 표현하는 법

정신분석학의 시작은 나 자신을 자유롭게 표현하는 것입니다. 문득 든 생각, 섬광처럼 지나가는 아이디어를 잡고 그 이야기를 들려주세요. 왜 그 부분에서 눈이 멈췄겠어요? 이유가 있습니다. 왜 그 장면이 좋았겠어요? 왜 작고 사소한데도 눈에 띄었겠어요? 거기 어떤 이야기가 있기 때문입니다. 아무도 관심을 주지 않는 세부지만 내게는 중요한 것으로 느껴졌다면, 그 이야기를 해야 해요. 다른 사람을 쳐다보지 말아요. 내가 답을 가지고 있습니다. 자신을 믿어야 합니다. 내가 느끼고 있는 걸 믿어야 합니다.

뭘 찾아야 할지 모를 때, 특별한 것이 보이지 않을 때, 뭔가 보인다 하더라도 어떻게 이야기해야 할지 모를 때 우리는 주위를 둘러봅니다. 그리고 따라하죠. 대부분이 그렇게 말하니까 나도 그렇게 말하고, 내

옆 사람이 좋다고 하니 나도 그렇게 생각해요. 선생님이 선택해주거나 부모님께서 정해주면 훨씬 편하죠. 돌아보면, 그렇게 하는 사람을 착한 사람으로 여기곤 했어요. 그런데 그건 내가 내 생각을 표현하는 게 아니죠. 객관적으로 타당한 답을 구하려면 가능한 한 많은 정보를 모아야 합니다. 편견에 빠지지 않으려면 가능한 한 많은 세부들을 고려해야 해요. 그러나 무엇보다 먼저 우리가 할 일은 내가 지금 그것에 대해 어떻게 생각하고 있는가를 아는 것입니다. 물론 정보가 모이면 생각이 바뀌게 될 수도 있어요. 하지만 지금 이 순간 내가 이 부분이 좋고, 저 부분이 마음에 안 든다는 생각을 하고 있다는 건 사실이잖아요. 그건 굉장히 중요해요. 모든 이야기가 이 지점에서 시작되어야 합니다.

저는 봉준호 감독의 영화 〈살인의 추억〉(2003)을 볼 때, 굉장히 속이 상했어요. 영화의 한 부분에서 카메라가 범인의 시점으로 밤길을 비출 때, 두 여성이 지나가요. 그런데 카메라가 범인의 시점이다 보니, 그 영화를 보는 관객이 카메라의 시선을 고스란히 떠안게 되고, 결국 범인의 시선으로 영화를 보게 되는 거예요. 그래서 우리가 두 사람 중 한 명을 선택하게 됩니다. 전 그 시점 쇼트가 정말 싫었어요. 제가 이 영화를 분석한다면, 저는 바로 이 부분에서 이야기를 시작할 거예요.

나를 표현하는 건 어렵습니다. 따를 지침이 없기 때문이죠. 세상에 내가 두 명이 아니잖아요. 내가 뭘 더 좋아하는지, 어떻게 느끼는지, 혹시 싫은 건 아닌지 누구한테 물어볼 수 없어요. 내가 답을 정해야 하죠. 그건 어려운 일이랍니다. 그러나 어렵기 때문에, 다른 사람을 따라 하게 되면 오히려 상황이 악화됩니다. 어떻게 다른 사람이 나를 표현해주겠어요? 서툴러도, 어려워도 자신이 해야만 하는 과제입니다. 선택을 피하지 마세요. 두려워하지 말아요. 세상에 말도 안 되는 이야기는 없습니다. 정보가 부족한 이야기는 있을 수 있죠. 일단 생각을 말하면 모든 것이 거기에서부터 시작됩니다. 내가 그렇게 분석해도 되는지, 그 부분에서 감동을 받아도 되는지, 그 부분이 나만 이상하게 보이는 건 아닌지 걱정하지 마세요.

친구가 마음이 아프다고 하면, 여러분은 어떻게 하나요? 별로 큰 문제가 아니라고 말해주나요? 그렇게 느낄 필요가 없다고 하나요? 바보같이 그러지 말라고 하나요? 그렇지 않죠. 친구가 마음이 아팠다면 그게 진실이에요. 그럴 필요 없다고, 아프지 않다고 말하기보다, 힘껏 고개를 끄덕여주고, 위로해주며, 왜 그렇게 느꼈는지, 그 느낌이 어떤 다른 세부와 관련되는지 관찰하고 분석하고 이해하는 게 먼저겠죠? 분석도 같습니다.

좋은 글 쓰는 법

한 편의 글을 쓰는 과정도 예술 작품을 만드는 것과 같은 창작 행위입니다. 제일 중요한 건 '하고 싶은 말'이랍니다. 꼭 하고 싶은 말이 있어야만 글이 살아납니다. 전하고 싶은 이야기가 없다면, 아무리 긴 글이라도 마음에 닿지 못해요. 간단한 겁니다. 절실하지 않다면 어떤 글도 다른 사람의 마음에 맞닿을 수 없어요. 가끔 제목이 없는 보고서나 과제를 받는 경우가 있어요. 학번과 이름, 또는 분석하는 작품명이 제일 첫 줄에 씌어 있죠. 그게 무슨 뜻인지 아세요? 절실한 이야기가 없다는 뜻이에요. 정말 전하고 싶은 이야기가 있다면, 제목이 없을 수 없답니다. 글을 관통하는 이야기가 없기 때문에 제목이 없는 거예요.

물론 할 이야기가 있다고 해서 무조건 주장만 하거나 추측만 해서는 안 돼요. 일단 질문을 한 후, 가능한 한 객관적으로 정보를 모아야 합니다. 중학교 강연에서 있었던 일입니다. 영화의 한 장면을 보여준 후 주인공의 행동 분석을 요청했을 때 "재수 없어요"라는 말이 들렸어요. 저는 이렇게 말했습니다. "보이는 것만 가지고 이야기해봐요. 확실한 것만 이야기해요. 그 사람이 마주한 책상이 사무실 구석에 배치되어 있었다거나, 그 사람이 걸어 나오는 데 갑자기 암전된 것처럼 어두워졌다거나, 그가 계속 물컵을 가지고 다녔다거나 하는 것은 모두 사실이죠? 그런데 재수가 없다거나, 나쁜 사람처럼 보인다거나, 정직해 보이지 않는다는 건 추측이에요. 처음 친구를 만났을 때 어떤 방식으로 그 사람에 대해 생각하는 게 더 과학적일까요?" 추측은 좋은 분석이 아닙니다. 가능한 한 추측은 배제하셔야 합니다. '것 같다', '듯하다'보다는 '이다'라고 썼으면 좋겠어요. 확실한 자료들을 쌓아 그 자료들이 자연스럽게 하나의 이야기를 들려주게 만든다면 그게 가장 탁월한 분석입니다.

기본 정보를 숙지한 후 글을 쓰세요. 영화의 경우 감독, 작품명, 개봉 연도를 명시하는 건 중요합니다. 시간이 허락한다면, 감독의 이전 작품들을 살펴보는 것도 좋겠죠. 어떻게 현재의 작품이 나왔는지, 왜 감독이 하필 지금 그런 이야기를 하게 되었는지 감독론으로 확장될 수 있습니다. 토드 헤인즈 감독의 〈캐롤〉(2015) 같이 필름 카메라로 찍은 영화라면, 왜 디지털이 아닌 필름인지 한 번쯤 질문해보는 것도 좋겠죠.

그렇다면 범위를 어디까지 확장해야 하나요? 시간이 허락하는 만큼요. 자꾸 범위를 넓히다 보면 맥락을 잃고 산만해지기도 한답니다. 할 말이 없어 제목도 못 다는 경우도 있지만, 할 말이 너무 많아서 하나의 이야기가 보이지 않을 정도로 복잡한 경우도 있어요. 양손 가득 쥐고 있으면 아무것도 잡을 수 없겠지요? 이런 경우에는 한 손을 펴 정보를 버려야 합니다. 할 말이 없어도 문제고 할 말이 너무 많아도 문제가 되는 거예요.

발표하는 법

발표나 토론을 할 때의 주의 사항을 말씀드릴게요. 우리는 지금 관찰, 분석, 해석에 대해 이야기하고 있어요. 이유는 지금보다 더 잘 듣기 위해, 그리고 더 잘 이해하기 위해서입니다. 그렇다면 어떻게 말하는가도 중요하지만 다른 사람이 뭐라고 이야기하는지를 아는 것도 매우 중요하겠죠? 다른 사람과 손을 잡으면 손이 네 개, 발이 네 개, 머리가 두 개로 늘어납니다. 다른 사람의 발표에서 도움을 받을 수 있는 부분이 있는지 생각해보고, 도입 부분에 언급하는 것도 좋습니다. 이를 위해서는 내 분석이 열려 있어야 해요. 입력되는 자료에 따라 언제든 분석 내용을 바꿀 수 있는 유연함이 필요합니다. 물론 이미 작성한 내용을 바꾼다는 건 매우 어려운 일이죠. 모든 변화가 힘들어요. 그러나 변화는 우리에게 새로운 미래를 선물합니다.

정신분석가 비온Wilfred Bion, 1897~1979은 한 사람을 진정으로 이해하는 것은 그의 꿈을 함께 꾸는 것이라고 말했습니다. 여기서 꿈은 밤에 꾸는 꿈과 미래의 꿈 모두를 의미한답니다. 그 정도로 타인을 잘 이해할 수 있다는 뜻이죠. 그 사람의 꿈을 함께 꾸어주어라! 너무 멋있죠? 누군가와 그런 관계를 가지게 된다면, 그건 정말 멋진 일일 겁니다. 좋은 발표는 듣는 모든 사람과 교감하는 소통을 동반합니다. 울림이 있는 말 속에는 언제나 그 말을 듣는 사람에 대한 배려와 존중이 들어 있습니다. 작품에서 감동을 받았다면, 발표를 들으러 온 사람들과 그 감동을 공유하세요.

모든 것을 다 말하려다 보면 발표가 산만해져요. 말을 시작하기 전에 꼭 전해야만 하는 한마디를 정하고 두 번 되뇌세요. 그 말을 중심으로 시간이 허락하는 동안 설명하면 됩니다. 가끔 설명과 묘사에 너무 많은 시간을 들이는 경우가 있어요. 전략적이지 못한 발표입니다. 내가 가진 것 중 가장 좋은 걸 모두 전하고 단상에서 내려오세요.

준비한 것들의 몇 퍼센트만 이야기하는 경우도 문제가 됩니다. 아깝잖아요. 나를 알리고 내 마음속 보물들을 드러낼 긍정적인 공격성은 가지고 있어야 합니다. 절실함이 있다면 쉽게 해결됩니다. 느슨해지면 안 돼요. 마지막으로, 주어진 발표 시간을 꽉 채우고도 넘치는 의욕보다는 10초 전에 마칠 수 있는 여유가 발표를 더욱 빛나게 만들겠죠. 자, 그럼 분석 실습으로 들어가 볼까요?

정신분석학적 분석을 실습해봅시다

로댕의 〈키스〉와 클로델의 〈샤쿤탈라〉

정신분석학으로 예술을 분석한다는 건 무슨 뜻일까요? 조각의 예시를 통해 한번 알아봅시다. 다음은 로댕Auguste Rodin, 1840~1917의 〈키스Le baiser〉와 클로델Camille Claudel, 1864~1943의 〈샤쿤탈라Shakuntala〉입니다.

여러분은 두 조각 중 어떤 작품이 더 좋은가요? 그 이유는 무엇인가요? 〈키스〉를 선택한 사람이 있고, 〈샤쿤탈라〉를 선택한 사람도 있을 겁니다. 어떤 답이 더 적절한가요? 물론 이 질문은 말이 되지 않습니다. 적절하다는 말은 정답이 있다는 뜻인데, 어떤 게 더 좋으냐는 질문에 어떻게 정답이 있겠어요? 혹시 아직도 망설이고 있나요? 둘 중 어떤 작품을 선택해야 하는지 생각하고 있나요? 이 간단한 질문에도 답할 수 없다면, 그건 작은 문제가 아닙니다. 너무 복잡하게 생각하지 말아요. 편안하게 앉아서 잠시 눈을 감고 호흡을 가다듬어요. 속상한 일들, 걱

오귀스트 로댕, 〈키스〉, 1898, 대리석 조각, 181.5x112.5x117, 파리 : 로댕 미술관

카미유 클로델, 〈샤쿤탈라〉, 1888, 대리석 조각, 91x80.6x41.8cm, 파리 : 로댕 미술관

정되는 것들, 강의 시간 후에 만날 사람, 아르바이트 생각은 잊어요. 자, 그리고 다시 눈을 떠보세요. 어떤 작품이 더 좋아요?

지금부터 정보를 더해가며 마음이 바뀌는지 살펴볼까요? 〈키스〉는 분명 〈샤쿤탈라〉보다 더욱 균형이 잡힌 느낌이고, 조각에 표현된 인물들의 심리 상태도 조금 더 안정된 듯 보여요. 이 사실이 여러분의 결정에 영향을 끼치나요? 재미있는 사실은, 동일한 정보가 전혀 다른 선택을 하도록 만들 수 있다는 점입니다. 둘 다 사랑 이야기인데, 어떻게 사랑이 균형 잡히고 안정적일 수 있어요? 그렇다면 진정한 사랑은 〈샤쿤탈라〉에 묘사된 불안정함 속에 있겠죠. 또 다르게 생각해볼까요? 진정한 사랑은 우리를 괴롭히거나 고통스럽게 만들기보다는 쉴 곳을 제공하는 마음의 안식처가 되지 않나요? 행복한 부부를 생각해보세요. 편안하죠. 그렇다면 진짜 사랑은 〈키스〉 쪽에 가까울 겁니다.

자, 이제 다시 질문을 읽어보세요. 답이 무엇인가요? 정보를 또 하나 추가해볼까요? 클로델은 로댕보다 스물네 살 어린 조각가였어요. 로댕에게는 클로델 또래의 아들이 있었어요. 클로델은 로댕의 학생이자 모델이자 정부가 되었죠. 물론 그들은 서로의 경쟁자이기도 했습니다. 로댕에게 버림받은 클로델은 1913년 정신병원에 입원하게 되고, 1943년 죽을 때까지 이곳에서 갇혀 지냅니다. 30년 동안 그녀는 작품 활동을 하지 못합니다. 다시 두 작품을 감상한 후 어떤 작품이 마음에 더 다가오는지 생각해보세요. 처음의 선택이 지속되나요, 아니면 다른 선택을 하게 되었나요? 그 이유는 무엇인가요?

마지막으로 정보를 하나 더 드리겠습니다. 클로델은 고대 인도 신화를 차용하여, 오랜 시간이 흐른 후 재회하는 연인을 묘사하고 있어요. 로댕의 경우는 조금 복잡합니다. 그의 대표작 중에는 〈생각하는 사람Le penseur〉도 있는데, 사실 이 조각들이 모두 〈지옥문La porte de l'enfer〉이라는 대형 작품의 세부들이랍니다. 로댕은 단테Dante Alighieri, 1265~1321의 『신곡*La Divina Comedia*』에 묘사된 지옥을 바탕으로 〈지옥문〉을 만들었어요. 문의 중심 상단에 앉아 지옥을 내려다보는 게 바로 〈생각하는 사람〉입니다. 그리고 〈키스〉는 『신곡』「지옥편」에 나오는 파올로와 프란체스카의 에피소드를 바탕으로 만든 조각이에요. 추남이었던 파올로의 형은 약혼식에 동생을 내보내는데, 두 사람이 첫눈에 사랑에 빠져버린 거죠. 결혼 후에도 관계를 지속해 결국 지옥에서 벌을 받게 되지만, 로댕은 그들의 사랑을 지켜주고 싶었던 모양입니다. 이 조각은 나중에 지옥문에서 독립되어 전시되었습니다. 다시 돌아가 조각을 감상해보세요.

하나의 정보가 더해지면 감상의 폭이 더욱 넓어집니다. 그리고 이야기와 사연이 구성되죠. 추가된 정보와 감정의 지도로 나만의 감상을 만드는 것이 바로 해석입니다. 분석이란, 사실로 이루어진 정보를 통해 객관적인 이야기를 만들어가는 과정이에요. 클로델이 30년간 정신병원에 수용되어 있었다는 것은 사실이죠. 사실들이 만들어내는 이야기를 주의 깊게 경청하고 세부를 세밀히 관찰하며 객관적인 서사를 추적해가는 게 바로 분석이에요. 그리고 그 사실들을 바탕으로 최종 의미를 제시하는 게 해석이고요. 그렇다면 어떻게 과학적인 자료에서 서로 다른 분석이 나올 수 있느냐고요? 동일한 자료를 제시해도, 어떤 사람은 『신곡』을 중심으로 〈키스〉를 더욱 자세히 분석할 테고, 또 다른 사람은 인도 신화를 더 파고들어 〈샤쿤탈라〉를 분석할 겁니다. 그렇게 분석된

오귀스트 로댕

카미유 클로델

내용을 누군가는 정신병원에서의 30년을 중심으로 해석할 수도 있을 테고, 또 다른 누군가는 작가들이 조각한 다른 작품들과의 관계 속에서 감상을 이야기할 수도 있을 겁니다. 우리가 같은 공간에 있다 하더라도 우리는 모두 각자의 사연과 개성에 따라 공간의 상이한 세부들에 주의를 기울입니다.

저는 가끔씩 1917년 로댕이 사망한 후 혼자 병실에 남겨진 클로델의 모습을 떠올립니다. 사실 의사가 퇴원을 허락했는데, 가톨릭 시인이었던 클로델의 동생Paul Claudel, 1868~1955이 퇴원에 반대했죠. 가족이 모두 등을 돌렸던 거예요. 그렇게 그녀는 아무도 방문하지 않는 병실에 홀로 남겨집니다. 누가 제게 어떤 조각이 더 좋으냐고 물으면, 저는 〈샤쿤탈라〉를 선택합니다. 어릴 때는 〈키스〉였었죠. 하지만 이제는 〈샤쿤탈라〉에서 그녀의 삶과 고통을 느낍니다. 그래서 눈을 뗄 수가 없어요. 많은 것들을 생산했을 수도 있었던 그녀의 손이 눈앞에 보입니다. 작품 감상도 이처럼 처음과 정반대로 바뀔 수 있답니다. 정답은 없어요.

머리 없는 남자들

하나 더 해볼까요? 단편 애니메이션 두 편을 비교해봅시다. 후안 솔라나스Juan Solanas, 1966~의 〈머리 없는 남자L'homme sans tête〉(2003)*에는 처

* https://www.youtube.com/watch?v=fnVPwdwfJCU, 2012년 1학기 '인간과 예술' 강의에서 경영학과 손준태 학생이 보고서를 통해 소개해준 작품입니다.

음부터 머리가 없는 주인공이 등장합니다. 그는 댄스파티 티켓 두 장을 들고, 좋아하는 여성에게 데이트 신청을 하죠. 그녀는 기꺼이 승낙합니다. 그는 곧장 머리 파는 상점에 가서 갖가지 머리들을 구경한 후 하나를 삽니다. 데이트 장소에 이르러 구매한 머리를 써보는데, 얼굴과 손의 색깔이 맞지 않아 울상이 되죠. 마지막 장면에서 그는 머리를 벗어버리고, 있는 그대로의 모습으로 그녀를 만납니다. 그녀는 거리낌 없이 그를 반기고, 둘은 파티에 갑니다. 다른 단편은 마레크 스크로벡키 Marek Skrobecki, 1951~의 〈데니 보이 Danny Boy〉(2010)*인데, 이 작품의 주인공은 동네에서 유일하게 머리를 가진 사람입니다. 그 외의 모든 사람들은 머리가 없기에 도시는 마비 상태, 아비규환입니다. 사고가 나고 사람이 죽는 일상이 되풀이 되지만, 주인공의 관심은 오직 한 머리 없는 여성에게 향합니다. 그러나 어느 날 그녀는 그에게 머리가 있다는 사실을 알게 되고 그를 떠나죠. 그는 그동안 만들어왔던 단두대로 머리를 자르고 그녀 앞에 나타납니다. 그녀는 머리 없는 그를 반기고 두 사람은 다시 사랑하게 됩니다.

두 작품 중 어떤 작품이 좋은가요? 그 이유는 무엇인가요? 이 작품들을 처음 보았을 때 저는 〈데니 보이〉의 주인공이 훨씬 성숙하다고 생각했어요. 사랑이란 희생하는 것 아닌가요? 첫 번째 작품은 그만큼 에너지가 느껴지지 않았어요. 쉽게 진행된다면 그건 진실에서 멀리 있을 확률이 높다고 생각했죠. 로또 복권을 생각해보세요. 한 번에 모든 것이 해결되는 퀵 솔루션이 답일 확률은 낮습니다. 그런데 학생들의 이야

* https://www.youtube.com/watch?v=l89fv5aoUjo

기를 들으니 제 확신이 무너지더군요. 반대의 선택을 한 학생들이 많았는데, 세부적인 이유는 모두 다르지만 일치되는 부분은 〈데니 보이〉의 주인공이 사회에 적응했다는 것이었어요. 많은 일들을 할 수 있는 소중한 눈을 스스로 떼어버리는 게 과연 잘 한 일인지 제게 물었죠. 사고를 막고 사람을 구할 수 있는 자가 스스로 목을 벤다는 게 정말 멋있는 이야기냐는 질문에 저는 제대로 답할 수 없었어요.

그럼 〈머리 없는 남자〉가 이겼나요? 아니오. 머리 없는 남자는 끝까지 다른 사람들의 눈치를 봅니다. 자신의 모습이 다른 사람에게 어떻게 보일지 신경을 쓰고 있죠. 든든한 사람은 아니에요. 성숙한 사람도 아니고요. 반면 〈데니 보이〉의 주인공은 결단하고 행동하며 그에 대해 책임을 지고 있죠. 어른의 모습입니다.

그럼 〈데니 보이〉가 이겼나요? 아니오. 〈데니 보이〉의 세상을 보세요. 망가진 사람들과 망가진 세상 속에서 그는 아무것도 안 보는 걸 선택하죠. 그리고 행복한 척 연기합니다. 만약 주인공이 도시라면 이 영화는 비극 그 자체입니다. 이 도시의 모든 사람들이 다 눈을 감아버리잖아요.

물론 질문은 여기서 끝나지 않습니다. 우리가 이야기하지 않은 세부가 무수히 남아 있거든요. 세부 정보를 하나 더 추가하면 다시 결론이 바뀐답니다. 바로 이런 게 해석입니다. 정신분석학은 세부 정보를 치밀하게 분석하여 인간을 이해하는 학문이에요. 여기까지의 이야기를 이론으로 정리해볼까요?

정신분석학 이론을 알려드릴게요

히스테리, 강박 그리고 라캉의 삼각형

히스테리적 구조와 강박적 구조

정신분석학은 사람을 이해하는 방법론입니다. 치밀한 분석을 통해 한 사람을 진정으로 이해하는 것이 바로 정신분석학이죠. 그래서 정신분석학은 자신을 이해하는 사람과 그렇지 않은 사람, 남을 이해할 수 있는 사람과 그렇지 않은 사람으로 나누어 성숙의 여부를 구분한답니다. 나 자신을 이해하지 못하는 사람은 미숙한 사람이겠죠. 나를 이해하고, 더 나아가 남을 이해할 수 있는 사람, 그리고 용기 내어 변화할 수 있는 사람, 현재를 바꿀 수 있는 사람은 성숙한 사람입니다. 더 이상 꿈꾸지 않는 사람이 있는 반면 언제나 무엇인가를 꿈꾸는 사람도 있죠. 전자가 멈추어 있다면 후자는 움직이고 있습니다. 마음의 병은 우리가 멈추는 곳에서 시작됩니다. 정신분석에서도 성숙은 지치지 않고 끊임없이 움직일 수 있는 용기와 힘을 뜻합니다. 그런 용기와 힘을 가진 사람을 우리는 어른이라고 부르죠.

프로이트는 우리가 관계 속에서 두 가지의 구조를 선택하게 된다고 말했어요. 하나는 다른 사람이 나보다 중요해지는 구조이고, 또 하나는 내 규칙이 다른 사람들의 규칙보다 더 중요해지는 구조입니다. 첫 번째 경우에서는 다른 사람의 눈치를 너무 많이 보게 되고, 두 번째 경우에서는 나 혼자 고립되는 경향이 있겠죠. 프로이트는 남 안에 갇히는 구조를 히스테리라고 불렀고, 내 규칙에 갇히는 구조를 강박이라고 불렀어요. 나는 지금 히스테리적 구조를 가지고 있나요, 아니면 강박적 구조를 가지고 있나요? 이 두 구조 사이의 길은 일방통행이 아니랍니다. 히스테리적 구조 속에 있다가도 남에게 상처를 너무 많이 받는 경우 내 마음속으로 숨어들어 아무도 만나지 않게 되기도 하죠. 강박적 구조로 바뀌었네요. 그러다 조금 괜찮아지면 마음의 문을 살며시 열고 다시 사람들을 만나기 시작하죠.

그렇다면 정상이라는 게 없잖아요? 프로이트는 조금 치우쳐 있는 것, 그게 바로 정상이라고 말해요. 아무 눈치도 안 보는 사람이 어디 있나요? 배려라는 것도 다른 사람을 생각한다는 것이잖아요? 다른 사람이 어떻게 느낄지 생각하지 않는다면 관계를 맺을 수 없어요. 그러나 우리 모두는 가끔씩 혼자 있는 시간이 필요하죠. 내 규칙들이 온전히 보호될 수 있는 나만의 공간이 없으면 우린 건강한 삶을 살지 못해요. 늘 다른 사람의 규칙이 우선시되는 공간에서 살아야 한다면 우리 마음은 굉장히 괴로울 거예요.

건강한 삶이란 한쪽에 고착되지 않는 것이랍니다. 나만의 시간과 공간을 확보하지 못한 채 항상 남에게 휘둘린다면 행복해질 수 없어요.

관계가 두려워서 아무도 만나지 않고, 항상 혼자만의 규칙들 속에 갇혀 있는 경우도 역시 행복해질 수 없죠. 행복이란 언제나 다른 사람과의 '관계' 속에서 피어나는 것이니까요. 우리는 이러한 구조를 중심으로 작품 속 인물을 분석할 수 있습니다.

멈추지 않는 삼각형

프로이트를 재해석하는 자크 라캉이라는 정신분석학자가 있어요. 라캉은 에드거 앨런 포의 「도난당한 편지」 분석*을 통해 성숙함에 대해 이야기합니다. 매우 어려운 내용이고, 보통 대학원에서 다루는 대목입니다. 일단 이야기를 풀어놓은 다음 토론 시간에 더 자세히 논의합시다.

이야기는 프랑스 왕궁에서 시작합니다. 어느 날 왕비가 한 통의 편지를 받아요. 그런데 그 편지에는 절대로 왕이 봐서는 안 되는 내용이 적혀 있었죠. 마침 그 순간 왕이 방에 들어옵니다. 왕비는 태연한 척하며 편지를 테이블에 내려놓죠. 그때 D장관이 업무 보고차 방문하는데, 그는 바로 이 상황을 파악합니다. 그리고 자신의 주머니에서 편지 한 통을 꺼내 테이블에 내려놓습니다. 왕에게 보고를 한 뒤 물러나며 자신의 편지 대신 왕비의 편지를 집어 듭니다. 물론 왕비는 아무 말도 할 수 없어요. 그랬다간 들키게 되잖아요.

---

* 자세한 분석은 김서영, 「자크 라캉의 소유할 수 없는 편지」, 『처음 읽는 프랑스 현대철학』, 동녘, 2013, 175~208쪽을 참조하세요.

왕비는 경찰국장에게 편지를 찾아달라고 부탁합니다. 그런데 경찰들이 D장관의 거처를 아무리 뒤져도 편지는 나오지 않았어요. 의자 다리를 빼고 바닥을 뜯어 살핀 후, 장관이 오는 시간에 맞추어 서둘러 모든 걸 원상 복구 시키는 날들이 이어졌지만 소득은 없었죠. 이때 등장하는 것이 우리의 탐정 뒤팽입니다. 뒤팽은 사실 예전 한 사건에서 D장관에게 진 적이 있어요. 여태껏 이를 갈고 있었죠. 뒤팽이 D장관의 집에 출동했는데, 편지가 떡하니 편지꽂이에 꽂혀 있는 거예요. 그래서 그다음 방문 때 가짜 편지를 하나 가지고 가 편지꽂이에 꽂아놓고 진짜 편지를 가지고 나오죠. 뒤팽은 복수의 의미로 자신이 편지를 바꾸어 놓았음을 알 수 있는 문구를 가짜 편지 안쪽에 써 둔답니다.

라캉은 이 이야기에서 다음의 도식에 부합하는 두 개의 삼각형이 구성될 수 있다고 말합니다.

우선 첫 번째 삼각형에서는 테이블 위에 편지를 두고 그 편지를 자기만 볼 수 있다고 착각하는 왕비가 2의 위치에 배치되겠네요. 이 상황을 볼 수 있는 D장관은 1의 위치에 있겠죠. 그리고 아무것도 알지 못하고 아무것도 못 보는 왕은 3의 위치일 겁니다.

삼각형 하나를 더 그려봅시다. 두 번째 삼각형에서는 편지꽂이에 있는 편지를 자기만 볼 수 있다고 착각하는 D장관이 2의 위치에 있을 테고, 이 상황을 보고 있는 뒤팽은 1의 위치에 배치되겠죠. 경찰은 아무것도 못 보는 사람들, 즉 3의 위치입니다.

라캉은 2를 미숙한 위치라고 불러요. 내가 편지를 가지고 있다는 착각을 하는 위치이자, 내 꾀에 내가 속는 위치죠. 그런데 여기서 더 나아가 라캉은 패턴을 하나 더 찾습니다. 즉 1의 위치에서 모든 것을 본다고 말하는 사람이 곧 바로 2의 위치로 이동하고 있어요. 그리고 편지를 소유했다고 착각하는 사람은 2에서 3의 위치로 이동하죠.

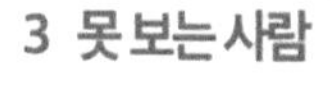

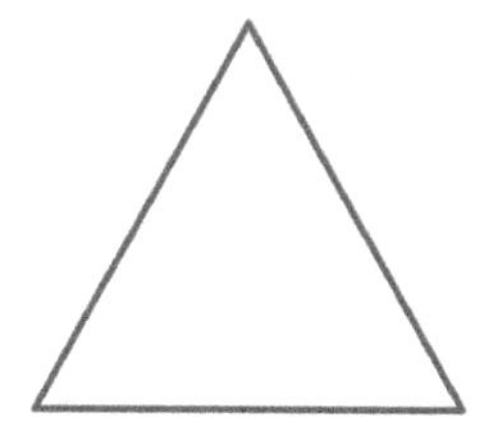

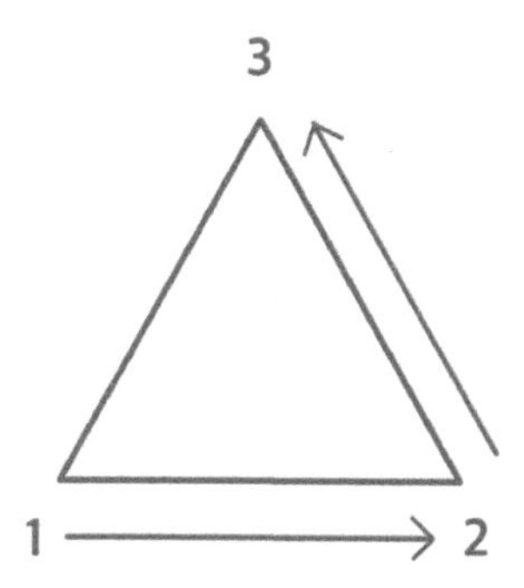

삼각형을 하나 더 그려볼까요? 이번에는 2의 위치에 있던 D장관을 3의 위치로 올리고 1의 위치에 있던 뒤팽을 착각하는 위치인 2로 옮겨야겠네요. 사건을 해결한 뒤팽이 왜 미숙한 사람이냐고요? 라캉은 뒤팽이 미숙한 행동을 했기 때문이라고 말합니다. 편지에 복수의 글을 써놓았잖아요. 여러분, 누가 미울 때, 아니면 누구랑 싸울 때를 떠올려보세요. 우리는 정말 성숙하게 싸울 수도 있고, 매우 미숙하게 싸울 수도 있어요. 상대에게 의도적으로 괴로움을 준다면 그건 사사로운 복수극이잖아요. 뒤팽과 D장관의 싸움은 성숙한 싸움이 아닙니다.

그런데 라캉의 분석이 끝나는 지점에서 철학자 자크 데리다Jacques Derrida, 1930~2004의 분석이 시작돼요. 그는 삼각형이 하나 더 있다고 말합니다. 이번에 착각하는 사람은 바로 라캉이래요. 2번 자리죠. 3번 자리에는 뒤팽, D장관, 포 등 작가와 소설 속 인물들이 배치됩니다. 그들은 무슨 일이 일어나고 있는지 몰라요.

그랬더니 바바라 존슨Barbara Johnson, 1947~2009이라는 비평가가 나타나 삼각형이 하나 더 있대요. 이번 삼각형에서 편지를 거머쥐고 정답을 아는 척하는 사람은 데리다래요. 2번 자리죠. 그가 1번에서 2번으로 이동하게 된 겁니다. 물론 아무것도 모르는 자리에는 라캉이 배치되겠죠. 그리고 마지막으로 존슨은 자기 자신을 1번 위치에 놓습니다. 자기가 다 보고 있으니까요. 그런데 여기서 멈추지 않고 그녀는 삼각형 하나를 더 그려요. 1번 위치에 있던 자기를 2번으로 옮기는 거죠. 그리고 데리다를 3번 위치로 이동시켜요. 존슨은 마지막으로, 미래에 나타나 자신을 비판할 누군가를 1번 위치에 배치합니다. 이렇게 삼각형은 오른쪽으로 끝없이 움직입니다.

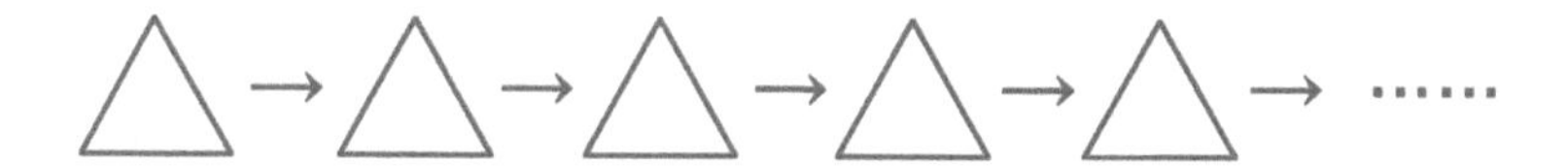

우리는 지금 해석에 대한 이야기를 하고 있어요. 우리가 정답이라고 생각하는 것들은, 하나의 세부가 더해지면 그 무게를 잃게 될 수도 있습니다. 생각이 바뀌고 분석이 확장되며 새로운 답을 가지게 되죠. 그러나 여기서 멈추면 자신도 모르는 새 못 보는 위치로 이동하게 돼요. 성숙이란 이렇게 방점을 찍은 후에도 해석을 열어놓고 변화해 나갈 수 있는 용기를 뜻합니다. 로댕과 클로델의 조각, 그리고 두 편의 애니메이션을 통해 나누었던 이야기 기억하죠? 정답이 없음을 이론적으로 설명하는 도식이라고 생각하면 됩니다. 토론 시간에 다시 다루면 좋겠네요. 이제 분석심리학이라는 전혀 다른 이론으로 넘어가볼까요?

분석심리학이란 무엇일까요?

살아 숨 쉬는 신화

칼 구스타프 융은 프로이트보다 열아홉 살 어린 스위스의 정신과 의사였어요. 처음 프로이트의 정신분석학을 접했을 때 융은 가려운 곳을 긁어주는 듯한 시원함을 느꼈죠. 그 역시 모든 것을 아는 척하는 의식 아래 무의식의 차원이 있다는 사실을 깨닫고 있었거든요. "나 아무렇지도 않아, 다 괜찮아, 난 행복해"라고 말하는데, 시간이 지날수록 점점 얼굴이 어두워지고 웃음이 사라지며 살이 빠지기 시작한다면 분명 뭔가가 잘못된 거죠? 이때 우리는 나 자신이 모르는 나에 대한 진짜 이야기를 시작해야만 해요. 뭘 그렇게 참고 있는지, 뭘 그렇게 아닌 척하고 있는지 들여다보면 마음속 깊은 곳에서 두 주먹을 불끈 쥐고 부들부들 떨며 괜찮다고 외치는 내 모습이 보일 거예요. 그건 괜찮지 않아요.

1906년 프로이트와 서신 교환을 시작한 융은 이듬해 빈에서 프로이트를 만납니다. 그들은 이 만남에서 나이를 초월하여 서로 진정한 친구가 되리라 확신하죠. 1909년 프로이트와 융은 함께 미국 초청 강연에 참석하였으며, 1910년에는 융이 국제정신분석협회 의장이 돼요. 그러나 안타깝게도 이 아름다운 관계는 몇 년 후 되돌릴 수 없는 상태로 악화됩니다.

1912년에는 융과 프로이트의 의견 차가 분명해져요. 융은 자신이 생각하는 심리 치료에 대한 이야기를 책으로 펴내게 되죠. 물론 그것은 프로이트의 정신분석학과는 다른 것이었어요. 그는 프로이트가 모든 인간을 아픈 사람으로 간주하고, 늘 병든 사람에 대해서만 이야기를 한다고 생각했어요. 융에게 인간은 그 이상의 존재였죠. 그는 건강한 사람, 더 나아가 성숙한 사람, 신비한 사람에 대한 이야기를 할 수 있으며, 인간 내면의 가장 아름다운 것들에 대해 이야기할 때 비로소 진정한 치유가 시작된다고 생각했답니다. 그렇게 관계가 멀어지다 1914년 융은 국제정신분석협회 의장직을 사임하고 협회를 탈퇴합니다.

융은 프로이트를 떠난 후 정신분석학과 관련된 모든 것을 버리고 새로운 치유 이론을 체계화하기 시작합니다. 물론 오래 생각해온 것들이었죠. 그 중심에는 '신화'가 있어요. 인간 내면에 신화가 살아 있다는 거죠. 〈스타워즈Star Wars〉를 생각하면 이해하기 쉬울 거예요. 제다이 기사들이 멋있는 이유는 그들의 내면에 포스가 존재하기 때문이잖아요? 박지성 선수가 축구장에서 질주할 때 저 공은 골문 안으로 들어가고 말 것이라고 확신하게 되잖아요? 유치한 이야기가 아니에요. 그런 신화적 느낌을 받았던 순간을 떠올려보세요. 될 것 같은 느낌, 내가 해낼 수 있다는 확신, 그런 게 분명히 존재하잖아요. 그건 정말 멋진 순간이죠. 저는 불과 몇 달 전, 한 카페에서 친한 선생님에게 "글쎄 학생들이 강의 시간에 어마어마한 이야기들을 해요. 어쩜 좋아요. 그냥 저 혼자 듣고 흘려버리려니 아까워 죽겠어요. 세상 사람들이 다 그 이야기를 들을 수 있도록 출간을 해야 해요"라고 말했어요. 이상하게도 몇 달 후, 여러분의 생각이, 그리고 우리의 이야기가 한 권의 책으로 태어나게 될 것이라는 확신이 서네요. 그런데 프로이트는 이런 절실한 바람에 대해서는 한마디도 하지 않아요. 치밀하고 객관적인 분석을 강조할 뿐이죠. 융은 다릅니다. 그는 내 안에 있는 나 이상의 것을 찾아야 한다고 말한답니다. 물론 그건 내 안의 신화죠. 내 안의 신화를 세상에 펼쳐낼 때 나도 그리고 세상도 함께 치유됩니다. 그렇게 우리 모두 영웅이 되는 겁니다.

그리스 신화, 북유럽 신화, 인도 신화 등 신화 이야기를 떠올려보세요. 도대체 신이 어디에서 나타났을까요? 정말 신이 이 세상에 존재했을까요? 지금도 존재하나요? 우리는 왜 신화를 읽죠? 융은 이 신들의 이야기가 바로 인간 내면의 서사라고 믿었어요. 가장 지혜롭고, 가장 강하고, 가장 아름다운 형상이 바로 내 안에 존재한다는 거죠. 그런데 그걸 믿지 않으면 세상의 많은 일들을 설명할 수 없어요. 역사는 수많은 위대한 인간들의 이야기를 전합니다. 가나다순으로 막힘없이 떠오르는 이름들만 해도 김구, 간디, 공자, 마틴 루서 킹, 만델라, 부처, 슈바이처, 스티브 잡스, 신사임당, 안중근, 예수, 이순신, 이이, 이황, 정약용, 테레사 수녀, 헬렌 켈러가 있네요. 어떻게 설명하죠? 신화입니다. 신화 속에서는 자본과 이익과 계산을 넘어 진정한 인간 사랑이 가능해요. 사람이 사람의 손을 잡고 알지도 못하는 이들의 삶을 변화시킵니다. 그게 신화죠. 신화 없이 과연 우리가 더 좋은 세상에 대한 꿈을 꿀 수 있을까요? 융의 분석심리학이 필요한 이유입니다.

대극의 합일과 개성화 과정

전 프로이트의 정신분석학을 전공했지만 융의 분석심리학도 믿는 학자랍니다. 저는 프로이트와 융을 함께 활용해야 더 큰 치유 효과를 얻을 수 있다고 생각해요. 그래서 여러분에게 두 이론을 같이 가르쳐드리는 겁니다. 융의 이론에서 가장 중요한 것은 대극을 합일시키는 작업이에요. 대극의 합일이란 나와 전혀 다른 것을 내 한 부분으로 동화하는 과정입니다. 예전에 제겐 경쟁자가 있었는데, 여성이고 저와 나이도 같고 심지어 키도 같았어요. 그런데 저와는 완전히 반대인 사람이었답니다. 제가 내향적인 반면 그 친구는 외향적이었어요. 매사에 저와 반대되는 일만 하고 반대로 생각했죠. 그러니 당연히 미웠겠죠? 그게 바로 그림자랍니다. 성숙이란 내 그림자와 하나가 되는 것입니다. 사실 그림자는 밖에 있는 게 아니에요. 내 안에 있는 것이죠. 그건 내가 잘 못 하는 것, 내가 분화分化시키지 못한 것을 뜻합니다. 우리는 잘하는 게 있어요. 저는 앉아서 하는 작업을 잘해요. 반면 사람을 만나고 사람 앞에 서는 일에는 서툴죠. 모든 기준은 제 내면에 있으며 외부의 기준이 별로 중요하지 않습니다. 그게 저에요. 그런데 융은 인간 내면에 모든 것이 다 들어 있다고 말합니다. 잘하는 건 분화된 것이고 잘하지 못하는 건 분화되지 않은 것이라는군요. 그림자란 내가 분화시키지 못한 내면의 특성을 뜻합니다. 저는 잘하지 못하는 부분인데 그 부분이 다른 사람의 우성형질일 수도 있어요. 그 특성은 내 안에 열성으로 존재하는 부분이죠.

대극을 합일시키라는 말은 나와 다른 것을 감지했을 때, 그 특성을 적극적으로 동화할 수 있어야 한다는 뜻입니다. 다르게 표현하면 그 특성을 내면에서 분화시킬 수 있어야 한다는 뜻이에요. 융의 분석심리학에서 치우치는 건 나쁜 것입니다. 조화로운 것, 균형 잡힌 게 더 좋은 것이죠. 그게 바로 대극의 합일이 목표로 삼는 것입니다.

그리고 또 한 가지 중요한 부분이 있어요. 대극의 합일은 운 좋게 이루어지는 것이 아닙니다. 내 의지로 이루어내야 해요. 융은 그것을 개성화 과정이라고 부릅니다. 온전한 나 자신이 되는 과정이라는 뜻이에요. 개성화 과정은 누가 나를 위해 대신해줄 수 없어요. 자연스럽게, 나도 모르는 사이에 이루어질 수도 없고요. 엄청나게 애를 써서 한 걸음 한 걸음 내가 성취해내야만 하는 것이죠. 그래서 힘들어요. 하지만 이 과정을 거쳐 대극의 합일을 이루어내면 우리는 더욱 성장한답니다. 이제 융의 치유 이론이 어떻게 작품 속에 나타나는지 한번 살펴볼까요?

분석심리학적 분석을 실습해봅시다

구렁덩덩 신선비

서양에 '미녀와 야수' 이야기가 있다면 우리나라에는 '구렁덩덩 신선비'라는 이야기가 있어요. 2012년에 한국융연구원에서 주최하는 'C. G. 융 서거 51주기 기념 학술 대회'에 참석했는데 그때 융 학파 분석가인 이유경 선생님이 이 민담에 대해 설명해주셨어요. 자식 없이 살던 노부부에게 아이가 생겼는데, 낳아보니 구렁이였습니다. 구렁이는 성인이 되어 장가를 들고 싶어 했는데, 옆집에는 세 자매가 살고 있었죠. 그들에게 결혼을 청했더니 셋째가 구렁이의 아내가 되어주었어요. 결혼식을 올린 저녁, 구렁이는 멋진 청년의 모습으로 변신합니다. 그리고 절대로 자신이 벗은 허물을 태우지 말라고 당부하죠. 물론 금기가 언급되는 많은 민담들이 그렇듯이 아내는 실수로 언니들에게 허물을 보여주게 되고 질투심 많은 언니들은 그 허물을 불태워버립니다. 그날 이후 신랑은 집에 돌아오지 않아요. 여기서부터가 매우 흥미로운데요, 아내는 그

길로 신랑을 찾아 떠납니다. 그 여정에서 밭일하는 노인의 밭을 갈아주고 신랑의 행방에 대한 실마리를 얻습니다. 빨래하는 노파는 그녀에게 흰 빨래는 검게, 검은 것은 희게 되도록 빨면 가르쳐주겠다고 하죠. 그래서 그렇게 해주었더니 또 다른 힌트를 준답니다. 이 과정을 모두 거친 후 그녀는 결국 신랑을 찾게 되는데, 문제는 신랑에게 이미 두 명의 아내가 있었다는 것이죠. 이 부분에서 저도 놀랐습니다. 더 들어보세요. 여기서 신랑은 아내 세 명에게 자신을 두고 남편 사랑 콘테스트를 열겠다고 합니다. 승자가 자신을 차지할 수 있게 된다는 거죠. 저도 참 난감한데요, 더 들어보세요. 높은 나막신 신고 물 떠오기, 호랑이 눈썹 구해오기, 겨울에 산딸기 따오기였는데, 물론 셋째가 이 과제들을 모두 성실히 완수하여 결국 남편을 되찾게 됩니다.

학회 당일 토론 중 빨래 과제에 대한 질문이 있었어요. 왜 흰 빨래를 검게 해야 하죠? 물론 그것은 대극의 합일을 뜻하는 부분입니다. 노파는 지금 주인공에게 180도 태도를 바꿀 수 있는지 묻고 있는 것입니다. 그게 바로 대극을 받아들인다는 뜻이죠.

'미녀와 야수'의 주인공과 구렁덩덩 신선비의 셋째 딸을 비교해보세요. 미녀는 예쁜 드레스를 입고 결혼에 응하면 되죠. 그런데 우리의 셋째 딸은 밭도 갈아야 하고, 빨래도 해야 하고, 다른 두 아내와 모욕적인 경쟁도 해야 했습니다. 무슨 뜻일까요? 물론 그것은 개성화 과정을 뜻합니다. 결연한 의지로써 대극의 합일을 도모하는 것이죠. 야수란 아직 분화되지 않은 내 마음속 괴물입니다. 그 괴물과 하나가 되면 괴물은 멋진 왕자, 아름다운 청년의 모습으로 변신합니다. 그렇게 내면의 신화가 또 한 번 깨어나며 우리는 성장합니다.

분석심리학 개론서, 『데미안』

『데미안』은 헤르만 헤세가 융이안 분석 치료를 받은 후 쓰게 된 소설입니다. 그래서 분석심리학의 기본 이론이 너무나 멋지게 소개되어 있죠. 같이 한번 볼까요? 『데미안』에는 싱클레어라는 철없는 어린 주인공이 등장합니다. 밝은 세상에 살던 주인공은 크로머에게 약점을 잡힌 후 괴로운 나날을 보내게 되죠. 이때 싱클레어를 돕는 인물이 바로 데미안입니다. 데미안은 친구라고 하기엔 너무 어른스러운 아이예요. 어른들도 그를 어려워하죠. 그는 공명심 때문에 실수를 하거나 가식적으로 행동하는 미숙한 어른들과는 완전히 다른 인간이에요. 독자는 그가 사람 같지 않다는 생각도 하죠.

데미안이 세상을 이해하는 방식도 놀라워요. 검은색을 흰색으로 바꾸고 흰색을 검은색으로 바꾸는 방식으로 모든 것을 이해했거든요. 그렇다고 그에게 방향성이 없는 것도 아니었답니다. 그에게는 세계관이 있었어요. 그가 싱클레어에게 전한 메모는 매우 유명하죠. "새는 알을 깨고 나가기 위해 투쟁한다. 알은 하나의 세계이다. 태어나기 위해서는 먼저 하나의 세계를 파괴해야 한다. 새는 신에게로 날아간다. 신의 이름은 아브락사스다."*

가만히 생각해보세요. 하나의 세계를 깨고 새로운 세상으로 날아간다는 게 무슨 뜻일까요? 정신분석학에서 강박적 구조는 자신만의 규칙 속에 스스로를 가두는 경우였죠? 그럴 땐 어떻게 해야 하나요? 밖으

---

* 이 부분은 제가 번역했습니다.

로 나가야죠. 예를 들어 영화 〈트루먼 쇼The Truman Show〉(1998)의 마지막 장면을 생각해보세요. 이 영화처럼 공간이 강박적인 구조처럼 보일 수도 있답니다. 그 공간에서 벗어나는 게 치유겠죠. 그렇다면 알을 깨고 밖으로 나가는 새는 트루먼이 세트장 문을 열고 나가는 모습과 비슷하지 않은가요? 우리는 지금 분석심리학 이야기를 하고 있는데 이건 정신분석학과 가까운 이야기처럼 보이잖아요. 제 말이 바로 그겁니다. 두 학문이 별로 다르지 않아요. 하나의 세상을 깨고 밖으로 나간다는 건, 알의 속과 알의 밖이 합일하여 새로운 세상이 만들어진다는 것 아닌가요? 나와 다른 것을 대면하여 그것과 하나가 된다는 건 그 이전의 내 모습을 극복한다는 뜻입니다. 멈추어 있던 삶이 미래를 향해 흐르게 되고, 한쪽만 바라보던 시선이 더 큰 세상을 볼 수 있게 되는 것, 바로 그것이 대극의 합일이 지향하는 목표에요. 그건 강박적 세상을 벗어나 더 큰 세상을 만나고 더 많은 사람들과 손을 잡아야 한다는 정신분석학의 호소와 다르지 않습니다.

『데미안』의 마지막 부분에서 데미안은 싱클레어를 떠납니다. 그리고 이제 다시는 예전과 같은 방식으로 그 앞에 나타날 수 없을 거라고 말하죠. 슬프네요. 그런데 이 소설이 비극적으로 느껴지지 않는 이유는, 데미안이 한 가지 사실을 명확하게 말하기 때문이죠. 그는 자신이 싱클레어 내면에 있다고 이야기합니다. 그리고 싱클레어는 데미안을 닮은 자신의 모습을 발견하게 되죠. 소설의 끝에서 데미안이 죽었다고 슬퍼하는 독자는 아무도 없어요. 그는 싱클레어의 한 부분이었습니다.

우리는 화가 세잔의 이야기를 통해서도 분석심리학의 성취에 대해 이야기할 수 있답니다.

세잔의 신화*

현대미술의 아버지 세잔Paul Cézanne, 1839~1906은 프랑스 남부 엑상프로방스에서 태어났습니다. 부르봉 고등학교 재학 시절 그는 훗날 프랑스 대문호가 되는 에밀 졸라Émile Zola, 1840~1902를 만나게 되죠. 영화 〈나의 위대한 친구, 세잔Cézanne et moi〉(2015)의 첫 부분을 보면, 두 어린아이가 학교에서 서로를 맞닥뜨리는데, 그때 이렇게 인사를 합니다. "안녕, 난 폴이야", "안녕, 난 에밀이야. 반가워." 폴 세잔과 에밀 졸라의 만남입니다. 남프랑스 시골 마을에서 이렇게 만난 두 소년이 세상을 뒤흔드는 인물로 성장했어요. 우린 자주 여긴 별로고 저긴 굉장할 것이라 생각하죠. 내 친구는 별로고, 저 사람은 멋있다고 생각할 때가 있어요. 여긴 초라하고 저긴 멋있어 보이죠. 여긴 아무것도 없고, 저긴 모든 게 있는 듯해요. 비틀즈The Beatles를 생각해보세요. 폴 매카트니Paul McCartney, 1942~와 조지 해리슨George Harrison, 1943~2001은 같은 학교 출신이에요. 존 레논John Lennon, 1940~1980은 동네 아는 형이었고요. 네 멤버 모두 리버풀에서 태어났습니다. 더 멋진 사람이 있을 것이라는 생각에 한 사람을 온 마음을 다해 사랑하지 못하는 사람들도 있죠. 대부분의 사람들은 나, 여기, 친구가 얼마나 대단한지 깨닫지 못해요. 그런데 세잔, 에밀, 폴, 조지, 존, 링고Ringo starr, 1940~는 달랐습니다. 그들은 자신 속에 있는 신화를 깨웠어요. 그들이 있는 곳, 자기 옆에 있는 사람, 그리고 자기 자신이

---

* 이 부분은 미셸 오, 『세잔』, 이종인 옮김, 시공사, 1996[1989]과 폴 세잔 외, 『세잔과의 대화』, 조정훈 옮김, 다빈치, 2002를 참조했습니다.

세상의 중심이 되게 만들었죠.

세잔이 대단한 행동을 한 건 아닙니다. 그냥 백 번도 넘게 정물화를 그리고 마을에 있는 생트빅투아르산이 마르고 닳도록 그 모습을 그렸어요. 정적인 작업이죠. 지겨운 작업입니다. 아무것도 변하는 게 없는 듯했고, 누구도 그에게 그의 작품이 대단하다는 말을 해주지 않았지만 그는 그저 그렇게 조용히 자신의 신화를 세상에 조금씩 펼쳐냈어요. 어떻게 그게 신화냐고요? 불가능해 보이는 그의 시도가 일상의 반복이라는 기적을 통해 결국 돌파구를 찾거든요. 모네Claude Monet, 1840~1926의 〈생라자르 역La gare Saint-Lazare〉(1877) 같은 작품을 보면 미완인 것처럼 보여요. 빛의 방향 등을 고려하여 그 순간의 인상을 포착하기 위해 최대한 빨리 그려야 했거든요. 시간이 지나면 기차도 지나가고, 빛의 방향과 세기도 바뀌죠. 세잔은 이 섬광같이 지나가는 이미지에 안정감을 부여하고 싶었어요. 내가 보는 것의 본질을 알려줄 수 있는 순간을 포착하는 게 아니라, 그 본질 자체를 그리고 싶었던 거예요. 대상의 본질을 그린다는 게 뭘까요? 내가 지금 보고 있는 것만 그리면 되는 게 아니죠. 그 이상이 필요했답니다. 그는 잠깐 느낄 수 있는 아름다움이 아니라, 안정감 있게 지속되는 본질 그 자체를 그리려 했어요. 그리고 마침내 미술사의 모든 것을 합일시켜 가장 안정적이고 지속적인 이미지를 그려내죠. 그렇게 하기 위해 그는 기존의 미술 너머로 나아가야 했답니다. 무슨 뜻이냐고요? 보이는 것 이상을 그릴 수 있는 유일한 방법은 원근법을 포기하는 것이었습니다. 미쳤다고요? 네, 사람들은 그를 광인이라고 불렀어요. 그러나 그는 눈과 사유를 합하여 머리로 대상을 꿰뚫었죠. 그리고 불가능한 작업을 성공시킵니다. 바로 이런 세잔의 작업에 의해 피카소Pablo Picasso, 1881~1973가 태어나게 되죠.

왜 세잔을 분석심리학 강의 시간에 언급하느냐고요? 세잔의 방식에서 대극의 합일이 무엇인지 알 수 있기 때문입니다. 인상주의를 택하면 구체적 형태가 없어져요. 사실주의를 택하면 감정과 열정이 사라지죠. 그런데 세잔은 이 모든 것을 한데 담고 싶어 했어요. 한데 모인 모든 것이 진정 서로 어울리게 만든 건 역설적이게도 그 각각을 파괴하는 것이었답니다. 결국 그는 원근법이라는 미술사의 중심을 해체하고서야 이 과제를 완수하게 되죠. 이게 바로 대극의 합일이 뜻하는 것이랍니다. 미술사의 정석 교과서를 집필한 에른스트 곰브리치Ernst Gombrich, 1909~2001도 비슷한 이론적 사유를 제시했어요. 화가들은 우선 도제 시스템 하에서 스승의 그림을 그대로 배워요. 그런데 그렇게 해서는 자기 자신의 스타일이 드러날 수 없죠. 그는 화가들이 기존의 양식을 통합한 다음 그 양식을 배반함으로써 미술사에 흔적을 남기게 된다고 설명했답니다. 그것이 바로 알을 깨고 새로운 세상으로 나아가는 방식이 아닐까요?

7강

꿈 이야기를 들려드릴게요

프로이트와 융의 합일

왜 갑자기 꿈 이냐고요? 꿈 분석은 정신분석학과 분석심리학의 중심에 있는 이론이에요. 물론 각각의 구체적 이론들은 매우 다르죠. 그러나 진정한 합일은 그 두 학문의 방법론을 종합하여 한 조각의 꿈을 분석하는 것이 아닐까요? 예술을 분석하는 방식, 사람을 이해하는 방식과 동일하게 꿈을 분석하면 된답니다. 출발해볼까요?

2017년 10월에 한국융분석가협회에서 '분석심리학과 영화'를 주제로 공개 강연회를 개최했어요. 학회 때 제일 인상 깊었던 부분은 김계희 선생님의 뱀파이어에 대한 발표였어요. 선생님은 영화 〈트와일라잇Twilight〉 시리즈가 한 편의 꿈에서 시작되었다는 사실을 말씀해주셨답니다. 작가인 스테퍼니 마이어Stephenie Meyer가 31세일 때 꾼 아름다운 꿈이 모든 것의 시작이었다네요. 꿈에서 뱀파이어 청년과 10대 인간 소녀의 아름다운 모습을 본 그녀는 이 장면을 이야기로 풀어 쓸 수밖에 없었죠. 그 느낌이 너무도 강렬했으니까요. 영화에서도 그 장면이 정말 아름답게 표현되어 있죠? 누군가의 꿈 조각을 우리가 공유한다는 게 멋지지 않나요? 인간의 마음속에 있는 이야기들이 세상을 만나 더 많은 사람들과 교감하면, 멋진 일들이 많이 일어나게 된답니다.

신기하죠? 우리 마음 어디에 그런 이미지들이 들어 있었던 걸까요? 꿈은 우리에게 많은 것을 알려줍니다. 있었는지도 몰랐던 보물들을 보여주기도 하고, 또 반대로 언제 들어왔는지 모르는 속상한 감정들을 포착하기도 합니다. 꿈은 내 삶의 경험을 재료로 만들어져요. 언젠가 느꼈던 감정과 경험했던 사건이 꿈을 만들어냅니다. 읽었던 것, 보았던 것, 들었던 것이 어우러져 하나의 이야기를 만들어내죠.

프로이트는 꿈을 분석할 때도 객관적인 정보들을 종합하여 과학적으로 그 기원을 분석하라고 말해요. 제게는 앵무새 모양의 책갈피가 있어요. 그래서 꿈에 앵무새가 나왔을까요? 제가 강의 방식을 바꾸지 않고 반복했기 때문에, 그런 상황을 알려주기 위해 앵무새라는 상징이 사용된 걸까요? 위와 같이 이미지에 관련된 모든 것들을 일단 적어봅니다. 이 부분이 자유연상이에요. 자유롭게 연상해서 떠오르는 것들을 다 적는 거죠. 그런데 적다 보면 생각하지도 못했던 게 떠오른답니다. 실타래가 풀리며 털실이 굴러가듯이 이야기가 다른 이야기로 이어집니다.

그런데 그건 다 현실이잖아요? 현실의 이야기가 조합되어 꿈에 나온다면 새로울 게 없잖아요. 아니오, 그렇지 않습니다. 우린 늘 잊어요. 고마웠던 일을 잊고, 다행스러웠던 일도, 행복했던 기억도 많이 잊고 살아가요. 반면 꿈은 모두 기억하고 있죠. 우린 힘든 일도 참고, 속상했던 일도 흘려버리고, 날 화나게 만든 사람도 애써 잊으려하지만 꿈은 모두 기억하고 있답니다. 나는 참아야 한다고 자신을 다그치지만, 꿈은 너를 돌봐야 한다고 다독여줘요. 꿈은 나를 잘 이해하는 친구 역할을 한답니다.

분석심리학에서 꿈은 신비로운 공간이에요. 정신분석학이 과학과 객관적인 분석을 강조한다면, 분석심리학은 이성, 합리성, 계산을 넘어 꿈을 신화적 공간으로 이해합니다. 삶은 신비로운 거예요. 어렸을 때 어머니는 아버지께서 받으시는 보너스의 금액을 대부분 정확히 맞추셨어요. 꿈에 숫자가 보이셨대요. 그래서 아버지는 어머니를 속일 수 없었죠. 때론 다른 사람의 꿈을 대신 꾸어주기도 하죠. 태몽이 그렇잖아요. 꿈을 공유하기도 해요. 꿈이 해답을 알려주기도 하고, 길을 찾아주기도 합니다. 꿈은 인간의 신비 그 자체를 드러내는 영역이에요. 그래서 꿈의 목소리를 경청하고 그 조언을 따라 현실을 바꿀 수도 있습니다. 꿈은 나를 나 자신보다 더 잘 알고 있으니까요.

전 두 이론들을 모두 믿어요. 그래서 정밀하게 분석하고, 객관적인 자료로 자유연상을 이어간 후 마지막에는 꿈이 뭐라고 조언하는지 귀를 기울입니다. 그렇게 『어린 왕자』 프로젝트가 시작되었네요.

『어린 왕자』 프로젝트를 구상하며 꾼 꿈

우리가 함께 『어린 왕자』 해설서를 만들기로 한 후 제가 꿈을 꿨어요. 들려줄게요.

학교다. 개교 1주년이라고 한다. 나는 학교를 구경하고 있다. 한 강의실에 들어간다. 소규모 수업이다. 그 수업을 담당하는 선생님께 이 학교에서는 한 사람의 교사가 몇 명의 학생을 맡는지 물었더니 "열 명"이라고 답한다. 활기찬 분위기다.

모두 강당으로 모인다. 축제인가 보다. 나도 그 속에 있다. 모여서 옆에 있는 사람과 손을 잡으라고 하는데, 앞줄을 보니 손을 잡는 방법이 특별하다. 손등 부분이 보이게 주먹을 쥐듯 한 방향으로 손을 잡는다. 손을 위로 뻗은 상태에서 옆 사람의 손을 잡고 있기에 잘 보인다. 나도 똑같은 방식으로 손을 잡는다. 그렇게 강당 속의 학생들과 교사들이 모두 손을 잡게 된다. 큰 공간인데 옆에는 낮은 계단이 있다. 그 계단에는 트랙이 깔려 있어서 신문을 담은 기계가 쉽게 이동할 수 있다. 다 신기하다. 암기 위주로 강의를 하는 일반 학교가 아니다.

무슨 뜻일까요? 사실은 제가 걱정을 많이 했어요. 아홉이라는 숫자가 생각했던 것보다 적어서 걱정을 했었고, 보고서와 시험 답안과 분석의 내용이 모두 너무 좋은데, 내가 그걸 멋지게 구성해낼 수 있을지 구성 방식에 대해서도 걱정했죠. 그러다 이 꿈을 꾼 거예요. 그리고 바로 알아들었죠. 우린 할 수 있다는 말이잖아요. 꿈 내용 중 가장 부각되는 부분이 바로 "손을 잡는다"입니다. 우리는 손을 잡고 있어요. 단합했죠. 그것도 우리의 스타일대로 손을 잡고 있어요. 함께 무엇인가를 이루어내기에 이보다 더 좋은 이미지는 없을 겁니다. 소규모일 수밖에 없죠. 여러분은 아홉 명인데, 꿈에는 왜 열 명이 나왔을까요? 제가 있잖아요. 열 명은 우리입니다. 여러분이 아홉 명, 그리고 저까지 열 명이니까요. 우리는 스스로 생각하고 자발적으로 활동하는 멋진 그룹이에요. 이 수업은 특별합니다. 암기 위주의 강의가 아니죠. 그리고 신문은 너무나 쉽게 사람들 사이로 이동합니다. 생각과 마음이 그렇게 쉽게 전해질 수 있을 것이라고 믿는다는 거죠.

자유연상으로 몇 개만 풀었을 뿐인데 꿈의 그림이 잘 보이죠? 분석심리학으로 꿈을 다시 볼까요? 개교 1주년이라 제가 거기 계신 선생님께 축하한다는 말을 했어요. 1주년이란 원이 한 바퀴 돌아 제자리로 돌아온 상태를 뜻하죠. 원은 완전함의 상징입니다. 이 부분에서 프로이트적으로는 연상을 이어갈 수 없어요. 왜냐하면 우리가 만난 건 2017년 2학기이고 아직 반년밖에 안 됐잖아요. 1년이라는 건 경험과 무관하게 등장한 재료입니다. 그건 완전함, 온전함, 총체성의 상징으로 나온 거예요. 그래서 축제 분위기인 겁니다. 축하할 일이죠. 축제란 혼돈과 가까운 것인데 지금은 완전함, 조화, 균형과 연결되어 있어요. 그게 바로 신화죠. 이 학교에서는 현실의 법칙이 무너집니다. 호그와트네요. 신문을 담은 기계도 마술처럼 움직여 계단을 이동했잖아요. 신기한 곳, 물론 그곳은 우리의 마음속입니다. 이 꿈을 꾼 후 우리의 프로젝트가 결국 예쁜 한 권의 책으로 출간되리라는 확신을 하게 되었습니다. 더 이상 걱정하지 않았죠. 여러분을 믿고, 그리고 저 자신을 믿으며 멋지게 만들어보겠다고 결심했어요.

시나리오를 써봅시다

정신분석학으로 쓰는 시나리오

이번 시간에는 정신분석학적인 시나리오를 한 편 써봅시다. 정신분석학 이론을 외우는 것보다 이렇게 연습하면 훨씬 쉽게 익힐 수 있을 거예요. 『어린 왕자』 분석이라는 실전을 위해 이론 활용을 연습하는 겁니다. 가장 빠른 학습은 창작이라고 생각해요. 정신분석학 이론을 이용해서 인물을 만들고 이야기를 창조해보세요.

우리가 다루었던 정신분석학 이론은 한마디로 히스테리와 강박이라는 구조였죠. 어떻게 강박적 구조에서 벗어나 사람들과 함께 살아가는가, 그리고 사람들과의 관계 속에서 어떻게 히스테리적 구조에 갇히지 않을 수 있는가가 관건이었습니다. 이와 같은 문제를 가지고 있는 주인공을 설정한 후 그 사람이 아주 조금이라도 나아질 수 있도록 이야기를 만들어 열 신의 시나리오로 표현해보세요.

시나리오는 영화의 설계도입니다. 문학이라고 생각하시면 어려워요. 어떻게 말해야 하나, 어떻게 표현해야 하나 걱정하지 마세요. 영상으로 표현하기 좋게 쓰면 돼요. 함께 연습해볼까요? 백 신에서 백십 신 정도의 시나리오를 쓰면 한 시간 반에서 두 시간짜리 영화가 만들어집니다. 열 신이 짧아 보이지만 완결된 짧은 에피소드 하나는 만들 수 있는 분량입니다. '신scene'이라는 건 시나리오의 단위인데요, 하나의 장면이라고 생각하시면 돼요. 강의실 장면, 거리 장면, 식당 장면 등으로 시나리오를 이어가는 거죠. 장소와 시간을 중심으로 신이 바뀌겠네요. 신 넘버 1부터 시작하면 되는데, 'S#1'이라고 표시하고 그 옆에는 장소와 시간을 쓰세요. S#1은 신 넘버 1이라고 읽습니다.

S#1 전철(오전)

아무것도 잡지 않은 채 흔들리는 전철 속에서 균형을 잡으려 애쓰는 영서. 자기도 모르게 손잡이를 잡았다가 급하게 손을 뗀다. 솟아오르는 식은땀. 그런 영서를 물끄러미 바라보는 서영.

S#2 역사 화장실(오전)

손이 벌게지도록 격렬하게 손을 씻고 있는 영서. 남자 화장실 앞에서 영서를 기다리는 서영.

서영: (화장실 쪽으로 목을 빼고) 영서야, 괜찮아?

벌써 신 두 개를 썼네요. 신은 짧을 수도 있고 길 수도 있어요. 대화가 없을 수도 있고 대화가 많을 수도 있습니다. 열 신을 다 합하면 전체 길이는 비슷해져요. 주인공들을 몇 살로 설정하고 싶으세요? 영서와 서영은 무슨 관계인가요? 영서는 왜 저렇게 손을 씻는 거죠? 언제부터 그랬을까요? 영서가 편안해보이진 않네요. 영서를 걱정하는 서영도 마찬가지고요. 자, 이제 어떤 이야기가 펼쳐질까요? 열 신이 끝났을 때 영서, 서영 모두 지금보다 조금은 더 편안하고 안정된 상태가 되었으면 좋겠습니다. 그들이 행복해질 수 있도록 도와주세요.

내가 관심 있는 문제를 주제로 정하여 시나리오를 쓰면 좋아요. 어떤 주제든 가능하죠. 사람 만나는 걸 어려워하는 인물의 이야기도 좋고, 남의 눈치를 너무 많이 보는 인물의 이야기도 가능합니다. 그들이 성장하며 든든해지는 서사를 만들어보세요. 시나리오 역시 내 스타일로 쓰세요. 내가 좋아하는 것, 내 전문성, 내 개성을 마음껏 담으세요.

가끔 굉장히 막막해하는 학생들이 있어요. 그럴 때 저는 이렇게 말하죠. "영화는 놀이 공간이에요. 모든 것이 가능한 공간이죠. 이 놀이 공간에서조차 변화할 수 없다면, 과연 현실에서 변화를 기대할 수 있을까요?" 여러분, 모든 것이 가능해요. 모든 변화가 가능합니다. 영서에게 어떤 이야기를 선물하겠어요?

분석심리학으로 쓰는 시나리오

분석심리학적 시나리오도 한 편 써볼까요? 대극의 합일과 개성화 과정을 그리면 돼요. 내 안의 신화를 발견하는 이야기, 데미안 같은 인물이 나와서 주인공의 성장을 돕는 서사는 모두 분석심리학적인 시나리오입니다. 예를 들어, 처음에 성격이 완전히 반대인 인물들을 구상한 후 그들이 서로의 성향을 배워가며 닮아가는 서사를 만들 수도 있습니다. 다른 사람과 함께 지낸다는 건 불편한 일이죠. 서로 미워하게 될 수도 있어요. 서로의 행동을 이해하지 못할 테니까요. 그런데 이 대극들이 함께 있으면 너무나 많은 일들이 가능하답니다. 나는 절대로 못 하는 일을 내 대극인 사람은 쉽게 하는 경우가 많아요. 그 반대도 마찬가지죠. 직장에서도 그렇답니다. 프로젝트를 할 때, 우리 팀에 완전히 다른 성향을 가진 두 사람이 있으면 프로젝트를 멋지게 성사시킬 수 있답니다. 아이디어부터 인간관계까지, 내가 못 하면 그 사람이 할 수 있으니까요. 대극이 함께 있다는 건 힘든 일이지만 동시에 멋진 일이에요.

융은 나 자신의 내부에 그 대극들이 함께 있다고 말합니다. 우린 편안한 쪽을 키우고 불편한 쪽을 외면하죠. 그런데 분화되지 않은 상태로 그렇게 내버려두면 우리의 삶은 균형을 잃게 돼요. 시나리오를 통해 한 사람이 자신의 대극을 만나고 이해하고 그와 하나가 되는 이야기를 쓰다 보면 내 안의 대극도 감싸 안을 수 있게 된답니다.

데미안 같은 캐릭터를 만들어보는 것도 재미있습니다. 주인공을 이끌어줄 수 있는 친구를 배치하는 거죠. 주인공은 지금 에너지가 없는데 친구는 에너지가 가득한 모습으로 나타나 주인공의 손을 잡아줍니다. 영서 옆에 있는 서영이 그런 인물이 되어줄 수도 있겠군요. 시나리오의 마지막에 이르면 우리는 『데미안』에서처럼 서영이 사실은 영서 마음속에 있는 자신의 일부였음을 알게 될 겁니다. 주인공이 지치고 힘들 때, 우리가 그를 위해 배치한 인물은 주인공을 위로하고 지지하죠. 그런 친구를 생각하는 것만으로도 마음이 따뜻해져요. 내 안에 있는 가장 멋진 형상을 한 명의 인물로 만드는 것입니다. 그리고 그를 주인공에게 보내주죠. 이것은 전형적인 분석심리학적 서사입니다.

영웅이 탄생하고 성장하는 이야기도 좋아요. 보통 사람과 다른 비범한 인물을 그리라는 게 아니라, 생각할 수 있는 가장 멋진 인물상과 인간의 삶에서 볼 수 있는 가장 신비로운 경지를 시나리오에 묘사해볼 수도 있다는 뜻입니다. 내 안의 신화가 이루어지는 이야기죠. 작은 마을에서 태어나 누구의 인정도 받지 못한 채 힘든 어린 시절을 보내는 주인공, 그가 이제 성장의 여정을 시작하게 됩니다. 〈반지의 제왕The Lord of the Rings〉이나 〈해리 포터Harry Potter〉에도 유사한 서사들이 나오잖아요? 이와 같이 인간 내면의 신화를 그리는 시나리오들을 만들어볼 수 있습니다.

주인공이 웃으면 나도 함께 웃게 되고, 시나리오를 읽는 사람도 웃게 되죠. 그 작품이 영화화된다면, 영화를 보는 사람도 미소 지을 수 있게 될 겁니다. 시나리오에서 변화를 만들면, 그 변화가 현실로 이어질 확률이 생긴답니다. 무엇이든 가능한 이 놀이 공간에 여러분을 초대합니다.

9강

니체 선생님을 만나봅시다

정신분석학과 분석심리학의 기원*

강의가 거의 끝나가네요. 이론 이야기를 마무리하며 언급해야 하는 한 사람이 있답니다. 바로 철학자 니체Friedrich Nietzsche, 1844~1900예요. 니체가 정신분석학과 분석심리학의 기원이기 때문이죠. 프로이트는 인간의 내부에 내가 의식적으로 아는 나 자신보다 더 깊은 차원의 의지가 있다고 생각했어요. 그리고 의식의 공간과 무의식의 공간을 나누게 됩니다. 의식이 '실수'라고 부를 때, 무의식은 '사실 그게 진실이야'라고 말하죠. 물건을 실수로 깨뜨렸는데, 예전부터 그 물건이 마음에 들지 않았다면, 우리는 또 다른 이야기를 생각할 수도 있습니다. 물건을 버리고 싶었는

* 자세한 내용은 김서영 「정신분석학적 해석에 대한 철학적 고찰 : 항우울제에 부재하는 해석의 차원을 찾아서」, 『현대정신분석』, 한국현대정신분석학회, 2018과 김정현 『니체, 생명과 치유의 철학』 책세상, 2006을 참조하세요.

지도 모르는 거죠. 헤어진 연인에게 실수로 전화를 거는 경우, 전화를 하고 싶었던 거겠죠? 의식의 중심을 자아라고 부를 수 있다면, 무의식의 중심에는 '그것it'이 있어요. 라캉은 내가 생각하는 게 아니라 그것이 생각한다고 말하기도 한답니다. 그것이 나를 통해 말한다고 하기도 해요. 영어권에서 번역될 때는 라틴어를 차용해서 '이드id'라고 적었어요. 어려운 단어처럼 보이지만 프로이트가 처음 썼던 단어는 '그것it, Es'이랍니다. 내 안에 그것이 들어 있다는 건 무슨 뜻일까요? 내가 아는 '나', 의식적인 '나'가 진짜 나는 아니라는 거죠. 프로이트는 니체가 이 이야기를 처음 했다고 말합니다. 실제로 니체는 『선악의 저편*Jenseits von Gut und Böse*』(1886)에서, 내가 생각하는 게 아니라 '그것'이 생각한다Es denkt고 말했답니다. 니체는 '나'라는 것이 결코 전체가 아니라는 점을 거듭 강조해왔습니다. '나'는 극복해야 하는 것이에요. 인간은 그 너머로 나아갈 수 있어야 합니다. 그게 바로 '초인'입니다.

『자라투스트라는 이렇게 말했다*Also sprach Zarathustra*』의 첫 부분 중 낙타에서 사자로 그리고 어린아이로 변신하는 이야기 역시 정신적 변화와 성숙에 대한 상징일 겁니다. 물론 여러분 각자의 방식으로 다양하게 해석할 수 있습니다. 제게는 그것이 온전한 나 자신이 되어가는 과정이자 진정 자유로운 존재로 변화해나가는 여정으로 보이네요. 인간은 모두 짐을 지고 있어요. 무겁죠. 삶이 무겁지 않은 사람은 아무도 없습니다. 그런데 여기서 멈추면 사막에 갇히고 말아요. 정신의 사막에서 우리는 사자가 되어 포효해야 합니다. 짊어진 짐에 구속되지 않고 자유로우려면 사자의 힘을 가져야 한다는 뜻일 수도 있지 않을까 생각해요. 그건 짐을 내려놓고 도망치거나 내가 가진 모든 걸 파괴하는 힘이 아니에요. 사자가 되면 우리는 지고 있는 짐에 압도당하지 않아요. 스스로를 보호할 수 있게 되죠. 사자의 힘은 오딘의 힘보다는 토르의 힘에 더 가깝습니다. 북유럽 사람들은 오딘보다 토르를 좋아해요. 제가 아는 한 스웨덴 친구는 농담으로 아들을 낳으면 토르라 이름을 붙이겠다고 하더군요. 절대로 오딘이라는 이름은 붙이지 않을 것이라고도 했어요. 오딘의 폭력은 전쟁을 위한 파괴의 힘을 의미하지만, 토르의 폭력은 평화를 지키기 위한 긍정적인 힘을 의미하기 때문입니다. 그런데 니체는 여기서 한 걸음 더 나아가죠. 그는 이 모든 여정이 창조를 위한 것이라고 말합니다. 그래서 마지막 단계는 모든 것을 새로운 시선으로 바라보며 새롭게 세상을 창조하는 어린아이가 되는 겁니다. 어린아이여야만 해요. 어른은 하지 못하는 말, 어른은 하지 못하는 생각이 있죠. 그런 말을 할 수 있고, 그런 생각을 할 수 있는, 어린아이 같은 인간을 만나면 그 만남의 순간이 고작 몇 분일지라도, 우리는 새로운 세상을 경험하게 된답니다. 정신의 더 높은 경지를 체험하고 나면, 안 될 거라고 생각했고, 어쩔 수 없다고 체념했고, 뭐 대단한 게 있겠냐며 한숨 쉬었던 날들을 반성하게 돼요. 그렇게 인간은 나 자신을 넘어 앞으로 전진합니다. 이건 정신분석학의 이야기이기도 하죠. 나 자신 안에 갇히지 않는 것, 그것이 변화와 성숙과 행복을 위한 전제잖아요.

그런데 '그것'이라는 중심은 이런 멋진 이야기를 들려줄 수 없어요. 그냥 무의식적 생각을 하는 실체 정도의 의미잖아요? 그래서 융은 무의식의 중심, 또는 더 나아가 의식과 무의식 전체의 중심을 '자기'라고 부릅니다. 그건 니체의 초인과 가까운 개념일 거예요. 왜냐하면 자기란 우리 내면의 신화, 그 중심을 뜻하는 것이기 때문입니다. 융은 니체의 『자라투스트라는 이렇게 말했다』 한 권을 가지고 5년 동안 세미나를 했어요. 그에게 이 책이 얼마나 중요한지 알 수 있는 대목이죠. 니체의 이 저서를 읽어보면 깜짝 놀랄 겁니다. 왜냐하면 그림자 이야기와 그림자와 하나 되는 합일의 이야기가 나오거든요. 책 4부의 69장이 「그림자」이고 70장이 「정오에」인데, 69장에서 자라투스트라는 그림자에게 쫓기며 도망칩니다. 그러다 어느 순간 멈추어 돌아서죠. 그리고 태도를 바꾸어 그림자를 마주하고 자신의 동굴로 초대합니다. 그리고 「정오에」로 이어집니다. 정오란 태양이 머리 위에 떠서 그림자가 사라지는 시간입니다. 그림자는 어디로 갔을까요? 『데미안』을 생각해보세요. 데미안이 마지막에 어디로 사라졌죠? 네, 그는 싱클레어의 내면에 있었죠. 이번에도 마찬가지일 겁니다. 자라투스트라는 그림자를 찢어버리거나 태워버리거나 쫓아버리지 않았어요. 그는 그림자를 자신의 집으로 초대합니다. 그 후 그림자가 사라지는 정오는 그들이 온전한 하나가 되는 시간으로 해석할 수 있을 겁니다. 그 부분에서 자라투스트라는 잠시 멈추어 외칩니다. "아, 행복하다!" 멋있죠? 우리가 온전한 자기 자신이 되는 순간, 내면의 '자기'로 한없이 나아가고 있는 순간 우리는 그렇게 외칠 수 있게 됩니다.

프로이트 + 융 < 니체

니체는 안이한 정신, 편안함과 안락함을 찾는 나약한 정신을 경멸했어요. 니체에게 건강한 사람은 내가 내 평생 결코 만나지 않을 먼 거리에 살고 있는 사람들, 내가 이 세상을 떠나고 난 뒤 한참 후에 태어날 사람들과 손을 잡을 수 있는 능력을 가진 이들이에요. 원대하죠. 스케일이 어마어마해요. 인류애 그 자체를 느끼게 되는 부분입니다. 그러니 그 앞에서는 눈가림이나 가식이 통하지 않아요. 건강한 인간, 다른 인간을 사랑하는 인간, 자기 자신을 넘어설 수 있는 인간, 바로 그 인간이 어린 아이로 변형된 초인입니다.

니체의 책은 자신의 안위만 걱정하는 어른, 자신의 학문 속에 파묻혀 있는 학자, 변수가 있는 곳에는 절대로 가지 않는 겁쟁이, 숙면을 취하기 위해 이웃에 대한 걱정을 내려놓는 이기주의자들이 부끄러움을 느끼게 만들어요. 정신분석학과 분석심리학이 늘 전제로 삼지만 실제로 말은 하지 않는 그 이야기들을 시원하게 해주니 너무 후련하죠.

성숙과 성장과 변화는 모두 함께 행복해지기 위한 것이잖아요. 그런데 정신분석학에는 치밀한 분석에 대한 이야기는 있지만, 인류애에 대한 그런 원대한 방향성은 없거든요. 니체에게는 가득한 이야기죠. 또 분석심리학은 조금 지나치게 신비로워요. 전 인류가 공유하는 기억이라든가 마음속 신화에 대한 이야기가 조금 추상적이라는 생각이 들 때가 있어요. 그런데 니체의 경우, 정신은 항상 몸과 연결되어 있고, 가장 구체적인 것에 닿아 있어요. 모든 것이 우리의 현실, 지금 이 순간에 연결되어 있죠. 니체는 프로이트와 융의 원형이지만, 동시에 프로이트보다 신화적이고 융보다 현실적입니다.

『어린 왕자』 프로젝트를 시작할까요?

실전

자, 이제 실전입니다. 제가 드린 무거운 이론들을 짊어지고 여러분은 이제 사하라사막으로 들어갑니다. 이론들을 짊어지고만 있으면 절대로 이 사막을 건널 수 없을 거예요. 이론의 무게를 견디며 동시에 여러분 자신이 되어 날아보세요. 제 강의의 한계를 찢고 그 너머로 나아가보세요. 그리고 어린아이가 되어 새로운 의미를 창조해보세요. 지금까지 배운 것을 여러분의 방식대로 변형시키세요. 그 이론들을 각자의 도구로 변형하여 연마하세요. 그리고 해석이라는 멋진 집을 지어보세요. 우리가 분석할 작품은 『어린 왕자』*입니다.

---

* 앙투안 드 생텍쥐페리, 『어린 왕자』, 황현산 옮김, 열린책들, 2015[1943]을 기준으로 인용하였습니다.

『어린 왕자』는 이상한 소설입니다. 동화라고는 하는데, 아이는 뱀에 물려 죽어요. 아름답다고들 하는데, 사무치게 외로운 장면으로 가득해요. 혼자 산꼭대기에 서서 외롭다고 외치는 어린 왕자의 모습을 보면 눈물이 왈칵 쏟아집니다. 그 외로움은 끝까지 해결되지 않아요. 사막에 불시착한 비행사도 너무 외롭네요. 어릴 때부터 말할 사람 하나 없이 외톨이로 자랐죠. 가식적인 이야기만 하고 가식적인 관계만 가지며 그렇게 피상적으로 살아왔어요. 그러다 이번엔 사막에 떨어져요. 조종사는 사막에 불시착하여, 망망대해에 뗏목을 타고 떠내려가는 조난자보다 자신이 더 외롭다고 말합니다.

실제 상황은 더 난감합니다. 전시거든요. 2차 세계대전 중 프랑스는 독일에 점령당했고, 작가는 미국 망명 생활 중 이 작품을 쓰게 됩니다. 책을 펼치면 첫 페이지에 레옹 베르트라는 유대인 친구에게 이 책을 바친다고 적혀 있는데, 베르트가 "굶주리며 추위에 떨고 있다"며 "그를 위로해주어야 한다"고 말하네요. 뭐 이런 동화가 다 있습니까?

1장부터 내용이 심상치 않아요. 첫 장에도 뱀이 나오네요. 하고많은 동물들, 하고많은 이야기들 중, 왜 보아뱀이 맹수를 삼키는 그림 이야기를 하죠? 보아뱀은 코끼리를 잡아먹고, 코끼리는 6개월 동안 보아뱀 배 속에서 녹아버리네요. 1장부터 작가는 "밤의 어둠 속"에서 길을 잃게 되는 상황에 대해 이야기해요. 그리고 2장에 오면 실제로 길을 잃죠. 사하라사막에 내던져진 비행사와 부서진 모터. 책을 덮고 싶었어요. 사람도 없고, 먹을 것도 없고, 물도 없는 사막이 이 동화의 무대입니다. 그리고 어린 왕자가 나타나죠.

썩 멋진 등장은 아니에요. 난데없이 양을 그려달라고 조르는데, 아이가 다른 사람 말은 듣지 않아요. 자기 말만 하는 아이입니다. 보통은 마음속에 가득한 이야기를 처음으로 말하게 되지 않나요? 어린 왕자에게 가장 중요한 것, 이 책에서 가장 중요한 이야기, 작가가 제일 먼저 하고 싶은 말이 왜 양을 그려달라는 요청이죠?

사실 왕자가 나타났다고는 하지만, 아이의 왕국도 그리 아름답지는 않아요. 바오바브나무의 비극은 정말 소름끼치죠. 별이 터져버리잖아요. 아이는 자기 별에서도 쉴 수 없어요. 편안하고 행복한 아이가 아니죠. 늘 노동해야 하고, 장미랑 싸워야 하고, 가끔은 마음까지 슬퍼지는 이 아이에게서 위로를 받을 수 있을 것 같지는 않습니다. 슬플 땐 해넘이를 본다면서요? 아이가 할 말은 아닌데요. 그래서 어린 왕자가 조종사를 위로하는 게 아니라 조종사가 어린 왕자를 달래고 위로하게 돼요. 물도 없이 사막에서 죽어가는 조종사가 아무 말도 듣지 않는 어린 아이를 위로하고 있다고요. 그러다 아이가 죽습니다. 이게 뭔가요? 그중 가장 이해하기 힘든 부분은, 우리가 이 이상한 작품을 읽고 감동을 받는다는 점이에요. 왜 우리가 이런 작품을 아름답다고 느끼죠? 어린아이들이 못 읽게 해야 하는 게 아닐까 싶기까지 한데, 실제로 읽어보면 정말 감동적이거든요. 도대체 그 이유가 뭘까요?

알려주세요. 어린아이가 되어 의미를 창조해보세요. 저는 이 동화가 너무 슬퍼요. 26장, 우물 옆 돌담 장면에 이르면 어린 왕자는 더 이상 아무것도 숨기지 않습니다. 그는 "오늘 저녁이 훨씬 더 무서울 거야"라고 말하며 자신이 죽는 것처럼 보일 거라고까지 이야기해요. 조종사는 이 상황을 부정하는 듯 절대로 아이의 곁을 떠나지 않겠다고 다짐하지만, 아이가 뱀에 물릴 때 그는 그 자리에 없어요. 아이 혼자 남겨지죠. 아이는 낡은 껍데기가 슬플 건 없다는 끔찍한 말까지 합니다. 잠시 기운을 잃기도 하고 끝내 우는 모습을 보이기도 하죠. 그 후 어린 왕자가 사라지고 조종사는 슬픔을 가라앉히기 위해 애를 씁니다.

『어린 왕자』를 읽을 때마다 제가 복잡한 감정을 느끼게 되는 이유는 이 동화가 이별에 대한 이야기처럼 보이기 때문입니다. 매번 마지막에 이르면 제가 경험한 이별들을 떠올리지 않을 수 없게 돼요. 그리고 슬퍼지죠. 어린 왕자와 장미의 이별, 어린 시절과의 이별, 조종사와 어린 왕자의 이별 이야기를 들려준 후 도리어 작가는 독자에게 도움을 청해요. 어린 왕자가 돌아왔는지 꼭 알아봐달라고 우리에게 부탁하고 있잖아요. 그 말은 그가 아직 실종 상태라는 것 아닌가요? 안심할 곳, 마음 놓을 곳 하나 주지 않고 그렇게 끝내버리는 이야기가 참 야속합니다. 저는 이 작품에 대해 더 할 말이 없어요. 여러분이 도와주세요.

2부 토론

『어린 왕자』 분석

찬란한 삶을 위하여

김서영 안녕하세요?

학생들 안녕하세요?

김서영 자, 그럼 토론을 시작해볼까요? 어떤 장면이 제일 마음에 다가왔나요?

김은빈 "그렇게도 슬플 때는 누구나 해가 저무는 게 보고 싶지."
선생님, 어린 왕자는 마흔네 번 해넘이를 마주해요.

김서영 그랬지. 난 그 부분이 제일 슬퍼. 아이가 혼자 마흔네 번 해넘이를 보며 슬픔을 억누르는 모습이 보이는 듯해.

김은빈 선생님은 슬플 때 어떻게 하세요? 특별히 가는 곳이 있나요? 아니면 어떤 특정 행동을 하나요?

김서영 난 마음이 울적할 땐 어떻게든 시간을 만들어서 영화관에 가. 그럴 땐 영화 내용은 하나도 안 보이지. 대신 스크린에 내 문제들이 보여. 맑은 수정공에 보고 싶은 사람의 근황이 나타나듯, 요즘 내게 문제되는 부분들이 스크린 위에 이미지로 떠올라. 그걸 집중해서 오래 보고 있으면 한두 시간 후 어떻게 대처해야 할지 감이 잡힐 때가 많아.

김은빈 어린 왕자에게는 해넘이가 그럴 거예요. 전 그게 바로 감정의 집약체이자 대상화된 슬픔이라고 생각해요. 어린 왕자가 해넘이를 본다는 건 자신의 슬픔을 대상화하여 마주 보는 거예요.

김서영 그렇다면 슬픔을 마주한다는 건 무슨 뜻일까?

김은빈 "어느 날 난 마흔네 번이나 해넘이를 보았어!"

이 구절을 우연처럼 마주한 순간, 제일 먼저 이렇게 생각했어요. 나라면 마흔네 번이나 해넘이를 보지는 않았을 거라고요. 아뇨, 볼 수 없었겠죠. 어린 왕자는 슬플 때 해넘이를 보며 자신의 슬픔을 곱씹어요. 그것도 마흔네 번이나요. 누구에게나 자신의 슬픔을 마주하는 것은 버거운 일이에요. 숨기고 싶은 부분이죠. 그런 감정이 다소 부끄럽기도 하고, 또 초라해 보이기도 하며, 두렵기까지 하죠. 어떤 생산에도 도움이 되지 않는 미성숙한 감정인 것처럼 생각되잖아요.

자신의 그림자에 대해서도 같은 이야기를 할 수 있지 않나요? 모든 사람은 그림자를 가지고 있다고 말씀하셨죠? 그림자란 말 그대로 자신의 어두운 부분, 즉 개인이 숨기고 싶은 부정적이고 불쾌한 요소들일 거예요. 분석심리학 강의에서 배웠듯이, 존재하는 모든 것은 그림자를 드리울 수밖에 없어요. 하지만 자아와 그림자의 관계는 빛과 어둠처럼 구분되지는 않는 것 같아요. 단순히 선과 악의 관계처럼 하나는 좋고 하나는 나쁜 것으로 정의하면 안 된다고 하셨잖아요. 구렁덩덩 신선비에서도 검은 빨래는 희게, 그리고 흰 빨래는 검게 만들었죠. 모두 검은 빨래를 희게 만드는 게 맞다고 생각하지 흰 빨래를 검게 만들어야 한다고 생각해본 적은 없을 거예요.

어둠만으로는 살아갈 수 없듯이, 빛을 배워 검은 빨래는 희게 만들어야 해요. 그리고 또 반대로, 빛만으로 살아갈 수도 없듯이 어둠을 인정하고 마주 보며 흰 빨래는 검게 만들어야 해요. 자신의 그림자를 바라볼 수 있어야 합니다. 자신이 숨기고 외면하려 하는 부정적인 요소들을 마주하고 사유할 수 있어야 비로소 자기 자신의 개별성을 깊게 이해할 수 있게 될 거예요. 그게 개성화 과정을 거치며 성숙을 이루어낸다는 뜻이 아닐까요? 그림자 없이 어떻게 온전한 인간이 존재하겠어요? 바로 이 그림자가 개인을 그 자신으로 만들어주는 것이라는 생각이 들어요. 선생님은 그렇게 설명하지 않았지만, 저는 그림자가 개개인의 슬픔과 깊이 연관되어 있는 것 같아요. 어두운 이야기, 숨기고 싶은 개인의 부정적인 요소들은 대개 슬픔을 야기하잖아요. 어린 왕자는 이 슬픔을 외면하지 않고 해넘이로 대상화시키는 거예요. 그건 자신의 그림자를 바라보는 행위와 같다고 생각합니다.

아마도 그건 감당하기 힘든 슬픔이었을 거예요. 어린 왕자 또한 조금은 그 슬픔을 외면하고 싶었을지도 몰라요. 하지만 해가 뜨고 다시 느릿하게 넘어가는 아릿한 장면을 마흔네 번 보는 내내 어린 왕자는 가슴속으로 그 슬픔을 곱씹고 마주 보고 다독였겠죠. 그것은 자신의 내면을 깊이 이해하려는 행위입니다. 그건 그림자와 하나가 되는 조화를 뜻하며 성숙을 의미합니다. 누구에게나 슬픔이 있고 그림자가 있지만, 그걸 깊이 들여다보는 건 힘든 일이에요. 하지만 외면하고 있던 그림자를 들여다볼 때 비로소 자신에 대한 심층적인 이해가 가능해질 겁니다. 그렇게 개성화 과정을 거쳐 인간적인 성숙이 가능해지는 게 아닐까요?

선생님, 우리 모두 어린 왕자와 같이 마흔네 번 해넘이를 봐요. 내 슬픔을 외면하지 말고, 내면의 그림자를 피하지 말고, 들여다봐요.

김서영 난 이야기의 몇 부분들이 슬프다고 투정하며 그게 보기 싫다고 불평했는데, 정작 어린 왕자는 자신의 슬픔을 마흔네 번 대면하고 있었구나. 아, 아름답다. 성숙이란 그런 거지.

은빈이는 지금 분석심리학 이론으로 『어린 왕자』의 해넘이 장면을 해석했어. 개성화 과정을 통해 그림자와 하나가 되어야 한다고 이야기하면서도 구체적으로 내가 싫어하고 불편하게 느끼는 그림자를 어떻게 두 팔 벌려 껴안을 수 있는지에 대해서는 이야기하지 않았었네. 은빈이는 불편하지 않을 때까지 대면하고 바라봐야 한다고 이야기했어. 그게 '성숙'이라고도 설명했고. 피하지 않는 것, 그게 성숙이지. 정말 그러네. 『어린 왕자』 속 인물들은 아무도 피하지 않아. 도망치지 않아. 사하라사막이지만 조종사는 비행기를 고치며 어린아이의 질문에 답하고 있어. 어린 왕자는 뱀과의 대면을 피하지 않지. 그는 마음이 슬퍼질 수 있다는 걸 알면서 여우를 길들여. 여우도 그렇게 될 걸 알면서 길들여달라고 말하지. 모두 다 참 용감하네.

손병진 선생님, 그 이야기를 정신분석학적으로도 설명할 수 있지 않을까요? 『어린 왕자』 속 인물들은 모두 고독에 잠식되지 않기 위해 계속해서 앞으로 나아가고 있어요. 마치 끊임없이 이어지는 라캉의 삼각형처럼요.

김서영 그렇지, 그게 정신분석학적 의미에서의 성숙이지. 네 말대로 삼각형은 하나로 끝나지 않아. 언제나 다 알 것 같은 순간 나는 다른 위치로 이동하지. 그리고 다시 또 다른 해석의 삼각형이 이어질 거야.

어려운 이야기인데 기막힌 해석을 제시해주었네. 그런데 너무 어렵게 시작했다. 정신분석학적 의미에서 성숙을 논하려면 그보다 먼저 강박과 히스테리에 대한 이야기를 해야 하지 않을까 싶어. 그 후에 삼각형으로 넘어가자.
두 구조들에 대해 질문하고 싶은 게 하나 있어. 히스테리적 구조는 남 안에 갇히는 것이고 강박적 구조는 내 안에 갇히는 것이라고 설명했었지. 그 중간은 없다고 이야기했어. 누구의 눈치도 안 보는 상태, 내가 집착하는 나만의 규칙이 전혀 없는 상태란 가능하지 않잖아? 다른 사람과 관계를 가진다는 건 그 사람이 뭘 원하는지, 뭘 생각하는지 고려한다는 뜻이고, 내 스타일을 가진다는 건 나만의 규칙이 있다는 거야. 너무 심하게 치우칠 때 문제가 발생하는 거지. 그렇다면 소위 정상이란 건 없는 걸까? 더 나아가서 도대체 어떻게 이 개념들로 성숙을 설명할 수 있을까?

지승엽 자전거 탈 줄 아세요, 선생님?

김서영 어릴 때 배웠지. 뒤에서 잡고 따라오는 어머니께 "놓지 마, 놓지 마, 놓지 마" 하면서 앞으로 페달을 밟았는데, 어머니께서 "아까 놨는데"라고 멀리서 소리치셨어. 그렇게 위험하게 배웠지.

지승엽 그게 바로 성숙이 아닐까요? 자전거 탈 때 오른쪽으로도 왼쪽으로도 전혀 기울지 않은 상태로 페달을 밟고 앞으로 나갈 수는 없어요. 그렇게 되면 쓰러지죠. 조금은 오른쪽으로, 또 조금은 왼쪽으로 기울어질 수밖에 없어요. 균형을 잡는다는 건, 그 상태로 페달을 밟고 앞으로 나간다는 뜻이죠. 그게 바로 성숙입니다. 가끔은 히스테리적이고 가끔은 강박적이지만, 우린 그 사이에서 균형을 잡고 페달을 밟아 앞으로 나아갈 수 있어요.

김서영 브라보!

손병진 네, 그 말이 맞아요. 그렇다면 히스테리와 강박은 어쩔 수 없는 구조가 아니라 없어서는 안 될 구조일지도 모릅니다.

"지구가 괜찮아." 지리학자가 대답했다. "그 별은 평판이 좋아……"

지리학자는 강박적으로 지리적 지식들을 수집하고 기록하는 인물입니다. 그에게 가장 중요한 것은 바로 완벽함과 성과라고 할 수 있죠. 이런 강박적인 에너지가 없었으면, 지리학자라는 존재는 탄생하지 못했을 겁니다. 사람들은 그를 비판하지만, 제 생각은 달라요. 그가 없었다면 어린 왕자는 지구라는 행성이 존재한다는 사실도 알지 못했을 겁니다. 조종사를 만나지도 못했을 테고, 더 깊은 고독에 빠져 다시 일어나기 힘들 정도로 절망했을지도 모릅니다.

또한 어린 왕자에게 히스테리적인 에너지가 없었다면, 그는 더 나은 관계를 위해 여행을 떠나지도 않았을 테고, 다양한 사람들을 만나고자 애쓰지도 않았을 것이며, 수많은 경험들을 쌓을 수도 없었을 것입니다.

김서영 강박의 경우, 다른 사람이 내 세상에서 사라질 수 있고, 히스테리의 경우 나 자신이 사라져버릴 수 있다고 했었지? 그런데 방향을 한번 생각해볼까? 강박은 내면을 향하는 방향성을 가진 반면, 히스테리는 밖을 향하고 있어. 끊임없이 다른 사람을 쳐다보는 거지. 그 방향 자체로만 본다면 병진이의 이야기가 맞네. 어린 왕자는 계속 밖을 바라보지. 그래서 여행을 떠나고 사람들을 만나게 된 거네.

손병진 네, 그리고 그는 조종사와 만나게 되는데, 시작부터 관계가 원만했던 것은 아닙니다. 그러나 그들은 갈등과 화해의 과정을 거치고 베스트 프렌드로 거듭나게 됩니다. 자신들만의 세계 속에 갇혀 있기보다는, 서로의 세계를 이해하기 위해 밖으로 나갈 결심을 하게 되죠. 그들의 이별이 슬프지만 찬란해 보였던 건 이런 관계의 증진을 위한 성숙한 노력들이 있었기 때문입니다. 그들은 관계의 증진이라는 목표를 위해, 멈춰 있기를 거부했습니다. 조종사와 어린 왕자는 그들의 작은 불빛을 향해 꿋꿋이 페달을 밟아 나아갔습니다. 추하면서도 아름답게, 절망적이면서도 희망적이게, 슬프면서도 찬란하게 앞으로, 앞으로 계속 약진해 나아갔죠.

생명은 어둠 속에 빛나는 별입니다. 세상이라는 우주 속에서, 인간이라는 별들은 각자 자신의 궤도를 돌며 아름다운 나선을 남기고 사라져요. 캄캄한 우주 속에서 우리 인간은 그럼에도 불구하고 꿋꿋이 걸어나갑니다. 주위가 어두워도 자그마한 하나의 빛이 있으면 처절하면서도 위대하게 약진해나가요. 그만큼 살아간다는 건 찬란하고도 슬프며, 절망적이면서도 희망적이고, 아름다우면서도 추한 동시에 겸손한 것이라 생각합니다.

나아가는 것에는 변화가 필요하며, 변화의 끝엔 새로운 삶이 존재합니다. 반대로 멈춘다는 것은 변화의 포기와 도태를 의미합니다. 그 끝엔 쓸쓸한 고독과 어둠, 그리고 죽음만이 있을 뿐이죠.

저는 『어린 왕자』가 그런 어둠들과 싸워나가는 이야기라고 생각합니다. 앞으로 나아가는 것, 그게 바로 살아간다는 것이 아닐까요? 살아간다는 말만큼 아름다운 건 없는 것 같습니다.

김서영 그렇지. 네 말대로 앞으로 나아간다는 건 살아간다는 뜻이야. 그 작은 불빛 하나면 되는데 그게 없으면 어둠이 너무 무서워지지. 그 빛 하나를 찾지 못하면 세상이 암전된 것처럼 느껴지거든. 그런 어둠은 굉장히 무서운 거야. 그래, 『어린 왕자』는 그런 어둠과 싸우는 이야기일 수도 있겠네.

지승엽 최근* 유명 아이돌이 스물일곱 살의 젊은 나이로 세상을 떠났어요. 예전에 모 프로그램에서 그는 내가 진짜 어떤 사람인지 아무도 궁금해 하지 않는다고 이야기했습니다.

우리 대부분 그 사람의 내면을 이해하기 전에 외모는 괜찮은지, 어디에 살고 있는지, 몇 살이고 어디 출신이지, 키는 몇 센티인지 그리고 수입은 얼마나 되는지 등을 궁금해 하죠. 그 사람이 가진 꿈과 소망, 그리고 상처에는 관심이 없습니다.

수치나 효율성을 따지는 자본주의 사회는 우리를 착각에 빠지게 만들어요. 통장의 숫자가, SNS 계정의 팔로워 수가 우리의 행복을 책임져준다는 착각 말입니다. 저는 지리학자에 대해 다른 이야기를 할 수밖에 없어요.

"꽃은 덧없는 것이기 때문이란다."

지리학자는 작은 장미 한 송이 따위 순간적인 반면, 크고 장대한 산이나 바다는 영원한 것이라고 믿죠.

"그건 작은 종이에 내가 가진 별들의 숫자를 적는다는 말이지. 그다음 나는 그 종이를 서랍 속에 넣고 자물쇠를 채워두는 거야."

사업가는 책상에 앉아 조그만 종이 위에 별의 숫자를 적어요. 그 종이를 서랍에 보관하면 별을 소유할 수 있다고 믿습니다. 사람들은 열심히 돈을 벌어 비싼 옷과 비싼 차를 소유하고 과시하지만, 그들이 꿈꾸는 진정한 행복은 장미꽃 한 송이, 물 한 모금에서도 찾을 수 있는 것이에요. 조종사는 사막에서 만난 어린 왕자를 통해 이런 깨달음을 얻게 됩니다. 순수한 어린아이에게는 모든 일상이 놀이이자 즐거움이죠. 어쩌면 우린 이미 태어날 때부터 행복해지는 법을 알고 있었는지도 모릅니다.

---

* 『어린 왕자』 프로젝트를 진행한 2017년을 뜻합니다.

김서영　『어린 왕자』는 조종사와 어린 왕자가 웃음과 물이라는 선물을 교환하는 이야기지. 내 앞에 있는 사람을 진정으로 이해하는 것이 무엇인가에 대한 이야기이기도 할 테고. 잠시 멈추어 그렇게 온 정성을 기울여 서로를 바라보지 않으면, 사람이 북적이는 도시에서도 홀로 사막 한가운데 버려진 느낌을 받을 수 있지.

조일남　문득, 이 책은 삶이라는 사막 한가운데 우리가 지금 어디쯤 위치해 있는가를 일러주는 일종의 지표가 아닐까 하는 생각이 듭니다. 『어린 왕자』를 읽을 때마다 시선이 오래 머무는 지점이 매번 제각각이기 때문일까요? 술을 너무 마셔서 머리가 아프던 날은 종종 술꾼 아저씨와 동일시를 했고, 쳇바퀴처럼 반복되는 일상에 지칠 때면 저도 혹시 가로등을 켜는 사람이 아닐까 하고 반문하게 되니 말입니다. 『어린 왕자』에 대한 감상은 오늘, 그러니까 지금 이 순간을 살아가는 저 자신에게 들려주는 이야기인 셈입니다.

어른도 아이도 아닌 그 중간의 존재, 하지만 점차 따분하고 이상한 어른들의 자리로 향하고 있음을 체감하는 요즘입니다. 누군가가 규정한 궤도와 시간으로부터 잠시라도 벗어났다 싶으면, 난데없이 찾아오는 불안에 젖어 잠 못 이루는 날이 잦습니다. 가장 두려운 건 나 자신을 증명해야 할 시간도 동시에 다가오고 있다는 점입니다. 지나온 나날들의 조각들을 수

집해 그 파편들로 자신을 수치화하고 계량화하는 순간, 영원한 루머에 불과할 것이라고 믿었던, 저 자신을 규격화해야만 하는 순간에 당도했음을 느꼈습니다. 『어린 왕자』에 묘사된 어른들처럼 저 역시 숫자에 익숙해지고 있나 봅니다. 어쩌면 어른이 된다는 건 산채로 보아뱀의 먹이가 되어, 코끼리처럼 오롯이 갇혀 사는 것과 비슷한 모양일지도 모르겠습니다. 그런데 그게 워낙 찰나에 벌어지는 일인지라, 지금 발 딛고 있는 곳이 지평인지 혹은 큰 뱀의 배 속인지 분간하기가 여간 어려운 일이 아니란 게 문제입니다. 사실 살아가다 보면 어느 순간 내 생각이나 태도가 모두 옳다는 착각에 빠져 타인의 말과 몸짓을 멋대로 재단해버리기 일쑤입니다. 그렇게 내가 만든 세계의 안락함에 빠져 바깥은 보지 못한 채 살아가는 게, 제 발로 보아뱀의 입속으로 들어가는 것과 무슨 차이가 있을까요?

그래서 오늘 제가 가장 오래 머문 페이지는 여우와 어린 왕자가 만난 순간입니다.

"중요한 것은 눈으로는 보이지 않는다."

진짜 중요한 건 눈에 보이지 않는다는 여우의 말은 어른의 자리로 끌려가던 저를 다시 원래의 자리로 돌아갈 수 있게 만드는 힘이 되었습니다.

이렇게 오늘 저는 『어린 왕자』 속 여우에게 길들여지고 있습니다.

어린 왕자가 말했다. "나는 친구들을 찾고 있어. '길들인다'는 게 무슨 뜻이야?"

"그건 모두들 너무나 잊고 있는 것이지." 여우가 말했다. "그건 '관계를 맺는다'는 뜻이야."

여우가 말했듯 길들인다는 건 관계를 맺는다는 뜻입니다.

이혜림 "제발…… 나를 길들여줘!"

『어린 왕자』의 세계관에서는 길들이는 일이 몹시 중요합니다. 길들여진다는 건 서로에게 정체성을 부여하는 일이라고 생각합니다. 꽃을 길들여 본 적이 없는 사람이라면 아름답게 핀 장미꽃의 부분 부분을 의미 있게 바라보지 않을 것입니다. 지리학자에게 꽃은 기록할 가치가 없는, 덧없는 것에 불과합니다. 꽃을 길들인 어린 왕자는 장미꽃을 보며 그녀가 가시를 만들어내기 위해 겪었던 고통을 떠올릴 것이며, 비록 영원할 수는 없지만 함께이기에 소중한, 꽃과의 시간들에 감사할 것입니다. 이제 왕자는 자신의 꽃과 닮은 장미꽃이 널려 있더라도 울지 않을 수 있습니다. 길들이는 게 무엇인지 알게 되면서 어린 왕자가 성장한 것입니다.

"밀밭을 보아도 떠오르는 게 없어. 그래서 슬퍼! 그러나 네 머리칼은 금빛이야. 그래서 네가 나를 길들인다면 정말 놀라운 일이 일어날 거야. 밀은, 금빛이어서, 너를 생각나게 할 거야. 그래서 나는 밀밭에 스치는 바람 소리를 사랑하게 될 거고……"

이렇게 길들이는 과정은 우리를 성장시킵니다. 길들여진 여우는 밀밭에 스치는 바람 소리마저 사랑하게 되죠. 길들이는 것은 이처럼 세상을 보는

눈을 바꾸는 일입니다. 의미를 만들고 그 의미를 통해 세상을 바라보며 우리는 성장합니다.

성장의 전제 조건은 나 자신이 아닌 다른 것에 정성을 들여야 한다는 거예요. 첫 번째 별의 왕에게는 모든 사람이 전부 신하일 뿐이었죠. 두 번째 별의 허영쟁이에게 다른 사람들은 모두 찬미자일 뿐이었어요. 그들은 길들이는 과정을 필요로 하지 않습니다. 상대방과 관계를 맺고 마음의 길을 함께 만들어나가는 것이 아니라 이미 만들어진 길로 상대방을 안내할 뿐이에요. 그들의 길은 오로지 자신을 향해 있어요. 주정뱅이나 사업가 또한 마찬가지입니다. 주정뱅이는 술을 마시는 게 부끄러운 자신을 잊기 위해 술을 마셔요. 그는 어떠한 성장도 없이 그저 술 마시기를 반복할 뿐이에요. 사업가는 자물쇠를 채운 서랍 속에 별을 소유하지만 그것이 그에게 어떤 의미가 되지는 못해요. 별에 정성을 들여 별을 이롭게 하지 못했기 때문이죠. 거기엔 길들임의 신화가 없어요.

이수빈 역설적이지만, 진정으로 자기 자신을 이해하기 위해서도 우린 다른 행성을 길들여야 해요. 그래야 비로소 온전한 나 자신이 될 수 있어요. 길들인다는 건 서로가 서로의 존재를 받아들이는 거죠. 그건 나 자신의 의지로써, 노력으로써 합일을 이루어내는 개성화 과정이라고 볼 수 있습니다. 내가 선택한 것이므로 이 과정에는 책임이 따릅니다. 한번 서로에게 길들여지면 둘 모두에게 하나가 될 책임이 생기죠. 이 과정을 겪고 나면 길들여지기 이전으로 다시 돌아갈 수 없어요. 돌이킬 수 없기 때문에 이 과정이 힘들어도 계속해서 앞으로 나아가야만 하죠. 이 여정 끝에 어떤 결과가 있을지 알 수 없지만, 힘든 과정 속에서 한 걸음씩 앞으로 나아가야만 성숙해질 수 있어요. 그게 바로 사랑 아닐까요? 사랑은 눈에 보이지 않아요. 마음으로만 느낄 수 있죠. 그리고 사랑에는 항상 책임이 따라요. 성숙한 사랑이란 서로 다른 두 사람이 서로에게 길들여지는 것이자, 그 관계 안에서 나의 가치를 실현하는 것이라 생각해요.
두 사람이 서로를 받아들이고 길들이기 전까지 그들은 서로에게 그저 대극이고 그림자일 겁니다. 우리는 각자 자신만의 행성에서 왔으니까요. 서로 다른 행성에서 온 사람들이 차이를 인정하고 함께 나아가기 위한 노력을 한다면 그게 바로 대극의 합일 아닐까요? 그림자와 하나가 된 사람은 자신의 행동을 더욱 깊게 이해할 수 있어요. 대극을 받아들인다는 건 내 안의 목소리에 귀를 기울이는 것이자 내 안의 신화를 이루어내는 것입니다. 대극은 잘라낼 수 없어요. 끌어안아서 하나가 되면 비로소 내가 강해지죠. 대극을 밀어내거나 외면하면 나는 치우친 시각을 갖게 되고 내 안에 갇히게 돼요. 어린 왕자가 여우를 길들이지 않았다면 자신의 장미가 이 세상에 단 하나뿐이라는 것을 알 수 있었을까요? 자신이 성숙하지 못한 모습으로 장미를 떠나왔다는 것을 깨달을 수 있었을까요?

지승엽 저도 그 생각에 동의하는데요, 타인과 소통하는 것은 내 마음을 청소하는 것과 같다고 생각해요. 문을 닫아놓고 내 생각 속에 편안히 갇혀 생활하다 보면 어느새 외로운 자신과 마주하게 되죠. 진정한 성숙이란 타인과 관계를 맺는 가운데 내가 알아차리지 못한 세상의 단면을 이해하게 되면서 진행된다고 생각해요.

김서영 정말 멋진 말들이다. 혜림이가 언급한 '마음의 길', '길들임의 신화'라는 표현과, 나를 찾기 위해 다른 행성을 길들여야 한다는 수빈이의 말, 그리고 소통이란 내 마음을 청소하는 일이라는 승엽이의 설명이 모두 너무나 아름답다.

그래, 길들인다는 표현을 대극에 대한 이야기와 연결시킬 수도 있겠네. 보통은, 많은 사람들 중 나와 완전히 다른 그 사람만이 내 대극이라고 생각하지만 사실 우리는 주변에서 그보다 훨씬 더 많은 대극을 대면하는 듯해. 누구든 너무 가까워지면 결코 타협할 수 없는 어떤 대극적 특성이 드러나게 마련이거든. 그 지점에서 함께 마음의 길을 걸을 용기를 내야겠지. 길들임의 신화는 그 타협 불가능점을 극복하는 묘약이 될 거야. 그 지점을 길들이지 않는다면 나는 결코 새로운 세상을 경험하지 못하게 되겠지.

이창수 어쩌면 우리는 지금 내면의 우주에 대한 이야기를 하고 있는지도 모릅니다. 내가 길들여야 하는 건 나 자신일 수도 있어요. 장미는 밖에 있는 게 아닙니다. 우리 안에는 꽃이 한 송이 있어요. 꽃은 내 마음속 작은 먼지부터 거대한 은하까지 모든 것이 될 수 있습니다. 어느 날 순수한 열정으로 빛었던 꿈일 수도 있고, 타오르는 사랑일 수도 있습니다. 혹은 지극히 아름다웠던 순간일 수도 있죠. 꽃은 그 자체만으로도 우리를 빛나게 해줍니다.

하지만 어른이 되어보니 코끼리를 집어삼킨 보아뱀을 모자라고 단언하게 되고, 꽃이 있던 자리에는 자꾸만 바오바브나무가 자라납니다. 한시라도 바삐 움직이지 않으면 바오바브나무가 나를 터뜨려버릴 상황이 돼요. 내가 가진 꽃 한 송이가 너무나도 별 볼 일 없는 것으로 느껴질 때, 나는 꽃을 잊어버리기도 합니다. 그러나 다행이에요. 꽃을 잃어버린 게 아니라 잠시 잊어버린 것뿐이니까요.

각박한 현실 앞에서 힘들 때가 있습니다. 우리가 무너지려할 때, 내 안의 꽃을 잊고 세상의 흔한 아저씨, 아줌마가 되려 할 때, 우린 어린 왕자를 길들여야 합니다. 나의 장미꽃에 대하여, 사막이 아름다운 이유에 대하여,

별을 바라보는 행복에 대하여 어린 왕자는 줄곧 내 안에서 이야기합니다. 내 마음속 어린 왕자를 아무 의미 없이 지나쳐버릴 수도 있어요. 그러나 그를 길들이면, 잊고 있었던 내 안의 꽃을 되찾을 수 있습니다.

어린 왕자는 어른들이 이상하다고 말합니다. 그리고 우리가 바로 어른들이죠. 가장 중요하고 아름다운 것은 모두 내면에 있는데도, 우린 언제나 바깥을 향해 끊임없이 뭔가를 찾아 나섭니다. 자신에게 가치가 있는 것을 찾는 것이 아니라, 세상이 가치 있다고 말해주는 것들을 중심으로 인생의 방향을 잡는 우리들에게 마음속 어린 왕자는 항상 같은 자리에서 별 볼 일 없는 질문을 합니다. 그리고 그 질문은, 사막처럼 퍽퍽한 삶의 한가운데 불시착한 인생의 조종사들인 우리에게 앞으로 비행할 방향을 제시해 줍니다.

지승엽 저는 그 이야기가, 인생을 왜 사는가에 대한 답이 될 수도 있겠다는 생각이 듭니다. 나에게 특별한 사람, 특별한 음식, 특별한 장소 등이 남들에게는 그저 그런 것들일 수 있지만, 내겐 큰 의미가 있습니다. 내가 길들인 모든 것들이 내가 살아갈 이유를 만들어준다고 생각해요.

이창수 그런데 왜 이 아이는 '왕자'일까요? 어린아이 정도로 표현할 수 있는 존재를 구태여 왕자라고 부른 이유가 무엇일까요? 어린 왕자의 세상은 아주 작고, 그가 하는 일이란 고작 꽃 한 송이와 작은 화산 세 개를 가꾸는게 전부입니다. 이처럼 아주 작은 세상이지만 어린 왕자는 그곳에서 왕이고 주인인 거죠. 임금, 허영심 많은 사람, 술고래, 사업가, 지리학자의 세상이 오히려 더 클지도 모릅니다. 하지만 그들은 진정한 왕이 되지 못해요.

어리지만 왕자라고 표현한 이 제목이 메시지를 담고 있습니다. 지금 자신의 삶이 누군가의 기준에 들어맞지 않는다고 느낀다면, 너무 작고 보잘 것 없는 것이라 세상에 내놓을 수 없다고 생각한다면, 내 삶의 방향이 다른 이들의 이정표대로 흘러가고 있다면, 우리는 어리지만 주인이 될 수 있었던 어린 왕자의 이야기에 귀를 기울여야 합니다. 그의 별 볼 일 없는 질문이 우리를 인생의 주인공으로 만들어줄 것입니다.

조일남 생텍쥐페리가 『어린 왕자』를 어른에게 바친 것도 사실은 이 글을 읽는 사람들의 마음속에 아직 어린 왕자가 남아 있다는 신호일 것이라 생각합니다. 개성화에 닿고자 한다면 그저 응답하기만 하면 되는 게 아닐까요?

김서영 융은 무의식의 목소리를 경청하고 그에 응답하라고 말했단다. 분석심리학적 꿈 분석에서는, 꿈에 나온 모든 인물들이 다 꿈을 꾼 사람의 마음속 형상이라고 설명해. 에너지가 없는 어른이 나온다면 그건 내 모습이고, 힘 있는 어린아이가 나와도 그 아이 역시 내 마음의 일부라는 거지. 나는 지금 에너지가 없고 기운을 낼 수 없을지 모르지만, 꿈에 나타난 사람들을 보면 내 안에 나도 모르는 수많은 인물들과 이야기가 있다는 사실을 알게 되지.

이창수 그렇다면 어린 왕자는 우리 모두의 과거일 수도 있어요. 어린 시절을 겪지 않은 어른은 없습니다. 순수함과 내면의 아름다움을 중요한 가치로 여기던 어린 왕자의 시절이 우리 모두에게도 존재합니다. 단지 지나쳐버려 지금의 우리는 그를 잊은 거죠. 다시 말씀드리지만, 잃은 것이 아닙니다. 잊은 것일 뿐이에요. 생텍쥐페리의 『어린 왕자』는 우리가 잊고 있었던 각자의 어린 시절을 꿈의 형상처럼 보여줍니다. 그리고 언제인지 모르게 기가 죽어버린 나 자신이라는 화분에 물을 줄 수 있게 도와주죠.

김서영 『어린 왕자』는 생텍쥐페리가 그린 그림에서 시작됐어. 그가 늘 그리던 어린아이 그림이 있는데, 그 아이에게 이야기를 선물한 거지. 그 아이 그림이 어디서 왔을까? 그건 아마도 작가 내면의 형상이었을 거야. 그의 내면에 있는 아이가 우리 마음속에 있는 아이에게 말을 거는 것일 수도 있겠다.

만약 이 작품에 등장하는 모든 것들이 분석심리학의 꿈 분석에서와 마찬가지로 다 작가의 한 부분이라면, 양의 경우는 뭘 뜻하는 걸까? 중요한 것이기 때문에 어린 왕자가 가장 먼저 언급했을 텐데, 이상한 건 그에게 진짜 중요했던 건 양이 아니라 장미였거든.

지승엽 전 양도 어린 왕자의 일부라는 생각이 들어요. 양은 그가 인정하고 싶지 않은 자신의 모습일 수도 있어요. 양은 어린 왕자의 별에 위협적인 존재인 바오바브나무를 없애기도 하지만, 자신이 가장 사랑하는 장미꽃을 먹기도 하죠.

인간은 망각하기 때문에 기억하고자 하는 것들을 그림이나 글로 남겨요. 조종사가 어린 왕자를 그리는 것도, 어린 왕자가 조종사에게 양을 그려달라고 하는 것도 기억하기 위해서예요.

김서영 한 번도 그렇게 생각해본 적은 없었어. 그래, 양이 꽃을 해칠 수도 있지. 상반된 일을 할 수 있는 존재구나. 어린 왕자는 별을 보살피기도 했지만, 꽃을 버리고 별을 떠났지. 그 이야기가 요약되어 있는 대상이 양이구나.

그래서 그가 제일 처음 한 말이 양을 그려달라는 것이었어. 아, 양은 장미를 버리고 온 그의 행동을 되새기게 하는 동물일 수도 있구나. 그래서 어린 왕자가 양이 꽃을 먹느냐고 조종사에게 질문하며 그처럼 화를 냈던 거고, 그는 자기 자신에게 화를 내고 있었던 거네.

지승엽 네, 양이 꽃을 먹느냐는 질문은 장미꽃에 대한 어린 왕자의 책임 의식과 관련되어 있어요.

김서영 이 책 전체가 양이 장미꽃을 먹었을까 하는 걱정으로 가득하지. 그런데 그건 양에 대한 이야기가 아니구나. 어린 왕자와 장미의 관계에 대한 이야기였어.

김건욱 "사람들은 이 진실을 잊어버렸어." 여우가 말했다. "그러나 너는 잊으면 안 돼. 네가 길들인 것에 너는 언제까지나 책임이 있어. 너는 네 장미한테 책임이 있어……."

장미는 내면의 형상일 수도 있지만, 내가 책임져야 하는 외부의 대상일 수도 있어요.

관계란 무엇일까요? 여우는 길들이는 것이라고 했습니다. 서로를 필요로 하게 되는 것이라고도 했죠. 서로에게 세상에서 하나밖에 없는 존재가 되는 것입니다.

타인과 관계를 맺다 보면 알게 모르게 서로가 서로를 길들이게 돼요. 그런데 상대방과 관계를 맺을 때, 우리는 지극히 개인적인 기준에서 자신의 방식으로 상대방을 바라보고, 사랑하고, 심지어 상대방을 자신의 마음에 맞게 바꾸려 애쓰기도 해요. 서로에게 익숙해질 때 상대방을 더 잘 알게 되었다고 생각하지만, 관계의 위기는 이때 찾아오는 게 아닐까요? 길들여진 나는 나만의 공간이 좁아졌다는 생각에 답답해하고, 길들이는 나는 그런 내 모습에서 두려움을 느끼죠.

다시 여우가 말합니다. "네가 길들인 것에 너는 언제까지나 책임이 있어." 간단명료하지만 가슴을 꿰뚫는 말입니다. 우리가 나약했기에 그간의 관계들을 그르친 건 아니었을까요?

김서영 히치콕Alfred Hitchcock, 1899~1980 감독의 〈현기증Vertigo〉(1958)이라는 영화가 있어. 탐정 스코티는 금발에 회색 옷을 즐겨 입는 매들린과 사랑에 빠지지. 그녀가 죽고, 매들린과 똑같이 생긴 주디를 만나게 되는데, 그녀는 붉은 머리에 화려한 옷을 즐겨 입는 사람이었어. 스코티가 어떻게 했을까? 그는 주디에게 회색 정장을 사주고, 금발로 염색하라고 부탁해. 주디가 물어. "그렇게 하면 날 사랑해줄 건가요?" 스코티는 고개를 끄덕이지만, 우린 이미 결말을 알고 있지. 우리 모두가 자주 빠지게 되는 사랑의 덫이 아닐까 싶어. 성숙한 사랑이란 사랑에 대한 이와 같은 사실들을 깨닫는 지점에서 시작되는 게 아닐까?

네가 맞아. 『어린 왕자』에는 길들임 너머의 아주 복잡하고 현실적인 이야기가 암시되어 있어.

손병진 길들면 길들수록 보이지 않는 것 같아요. 너무나 길들여져 보이지 않는 것들, 그것이 바로 소중한 것들일 텐데요.

김건욱 우리는 사람뿐만 아니라 사물도 길들이고 있는 게 아닐까요? 급행열차 에피소드에서 생텍쥐페리는 전철수의 입을 빌려 아이들만이 자기가 뭘 찾고 있는지 안다고 말했어요. 그런데 저는 어른의 입장을 한번 헤아려보았어요. 분명 우리도 어릴 땐 유리창에 코를 바짝 대고 있던 코흘리개들이었죠. 열차가 마냥 신기했을 겁니다. 시간이 흐르며 우리는 조용히 열차에 대해 책임을 지게 되었습니다. 열차가 온전히 운행할 수 있게 표를 사고, 가만히 앉아 있었죠. 창문을 부수는 건 길들여진 열차를 책임지는 행동이 아니니까요. 어른들은 열차가 고맙습니다. 열차가 없는 일상은 상상할 수도 없죠. 열차 안에서 어른들이 가만히 앉아 있는 건, 열차에 길들여졌기 때문입니다.

김서영 맞아. 1년 365일 어린 시절의 그날처럼 그렇게 코를 유리창에 대고 가슴 벅차할 수는 없지. 길들임에 대한 책임이란 일상을 견디는 용기와 그 속에서 더 굳건히 관계를 맺을 수 있는 성숙함을 뜻하는 것일 수도 있겠다.

김건욱 우리는 다양한 관계를 맺으며 하루하루를 살아갑니다. 중요한 건 그 속에서 관계의 불씨를 살려내고 우리의 하루를 설렘의 연속으로 만드는 것일 겁니다. 어린 왕자가 장미꽃과의 관계에서 그랬던 것처럼요.

김서영 그걸 깨닫게 해주는 인물이 여우였지. 그는 어린 왕자에게, 보이지 않는 걸 볼 수 있는 능력을 선물했어.

손병진 이미 길들여진 것을 본다는 건 매우 어려운 일이에요. 그렇지만 우리가 어렵지 않게 할 수 있는 일이 있습니다. 그건 바로 기다림과 경청, 그리고 질문과 이해입니다. 이미 알고 있는 것 같지만, 잠시 기다리며 듣습니다. 그리고 이해하기 위해 질문하죠. 그게 우리가 할 수 있는 최선이라고 생각합니다.

박재희 전 계속 소행성 B612만 찾았던 것 같아요. 소중한 건 눈에 보이지 않는데도요.

김서영 그래, 어른들은 어린 왕자의 존재를 믿지 않았지. 어린 왕자가 온 별이 소행성 B612라고 말해주어야 어른들이 알아들었어.

박재희 평소 책에서 마음에 깊게 다가오는 구절을 찾게 되면 놓치지 않고 기록해두는 습관이 있습니다. 그래서 『어린 왕자』에서도 마음에 드는 부분을 찾는 데 별 어려움이 없을 것이라 생각했어요. 하지만 오늘 토론을 위해 몇 번을 읽었는데도 어떤 부분이 제일 와닿는지 전혀 알 수가 없었습니다. 그리고 이에 대해 한참 동안 생각했습니다.

저는 책 속에 있는 소행성 B612를 찾아 헤맸던 겁니다. 좋은 평을 들어야만 하며, 사람들이 멋지다고 생각할 만한 분석을 해야 한다고 생각했던 거예요. 강박과 히스테리를 오갔습니다. 토론에서 학우들이 들려준 이야기들은 온전한 그들의 생각이었습니다. 같은 기표를 자신만의 의미로 채운 겁니다.

김서영 아, 멋지다. 기표라는 개념이 나왔네. 이해를 돕기 위해 잠시 설명할게. 소쉬르Ferdinand de Saussure, 1857~1913라는 스위스의 언어학자는 기호를 기표와 기의로 나누었어. 기표는 기호의 표현이고 기의는 기호의 의미란다. 내가 '개'라고 말하면 너희들은 그 소리를 듣고 개를 떠올리겠지? 내가 말한 개가 기표고, 너희들이 떠올린 개가 기의라고 할 수 있어. 소쉬르는 기표와 기의가 혼인 관계처럼 그렇게 하나로 맺어져 있다고 생각했는데 라캉이 이 관계를 완전히 뒤바꿔버린단다. 그는 기표와 기의가 분리되어 있다고 설명했어. 왜냐하면 같은 기표에 대해서 우리는 저마다 모두 다른 의미를 떠올리거든. 개라는 게 꼭 동물만 지칭하는 건 아니잖아? 나쁜 사람을 그렇게 부르기도 하지. 그렇게 되면, 개라는 기표의 의미가 완전히 달라지겠지? 재희가 같은 기표를 자신만의 의미로 채운다고 말한 건, 우리가 지금 하나의 대상, 또는 장면에 대해 명수만큼 다양한 의미들을 제시하고 있다는 뜻이야. 멋진 분석이네. 그러니까 B612란, 하나의 기표를 점령하는 하나의 기의, 하나의 의미를 뜻하는 개념이구나. 그래, 우리 대부분이 소행성 B612를 찾아 헤매게 되지.

박재희 제가 투명해지고 있다는 걸 깨달았습니다. 투명 인간이 되는 것 같았어요. 전 사람들의 평가에 사로잡혀 한마디도 못 하고 있었거든요.

타인의 인정을 받고 싶어 하는 나를 수용하니, 놀랍게도 마음을 사로잡는 글귀가 보였습니다.

어린 왕자가 있었다는 증거는 그 애가 정말 멋진 아이였다는 것이고, 그 애가 웃었다는 것이고, 그 애가 양을 갖고 싶어 했다는 것이다. 누군가가 양을 갖고 싶어 한다면, 그것은 그 사람이 살아 있다는 증거다.

제 안의 욕망 그 자체, 그것이 제가 살아 있다는 증거였습니다. 마음에 드는 구절은 남의 시선이 아닌 자신의 중심에서 나오는 것입니다. 대단한 평을 듣지 못하더라도 스스로를 알아가는 과정 속에 있다는 것만으로 의미는 충분합니다. 한마디도 못하던 저와 지금의 제가 만나 『어린 왕자』를 분석하고 있습니다. 이것도 대극의 합일이 아닐까요? 하루 종일 나만의 글귀를 찾지 못하고 괴로워하던 내게 지금의 나는 영웅입니다.

김서영 든든해 보이네. 마음으로 이해한 사람은 늘 미덥지. 마음으로 세상을 보고 나면 많은 게 달라진단다. 그렇게 되면 나는 더 이상 투명하지 않아. 팔도 나타나고 다리도 나타나고 온전한 내 몸 전체가 세상에 나타나겠지. 그리고 세상과 이야기를 나누게 돼.

온전한 나 자신이 되는 것, 그건 마음으로 보는 사람에게만 허락된 선물일 거야. 마음으로 세상을 보는 사람은 세상의 대상들을 잠에서 깨워내지.

이혜림 장미꽃 한 송이에도, 함께 나눈 물 한 모금에도, 별 하나에도, 세상 곳곳에 신화가 어려 있어요.

나 자신이 아닌 다른 어떤 것에 시간을 쏟고 마음을 기울이다 보면 서로 길들이게 되고 서로를 필요로 하게 돼요. 별을 바라보기만 해도 행복해질 수 있는 것처럼, 필요로 한다는 건 우리 마음과 관련된 거예요. 눈에 보이는 증거만으로 세상을 바라보는 사람은 자신의 세상을 넓힐 수 없어요.

지리학자가 책상을 떠나본 적이 없는 것처럼요. 내 세상을 넓히기 위해서는 보이지 않는 의미를 찾아낼 수 있어야 해요.
어린 왕자의 여정은 자신을 둘러싼 것들에 의미를 부여하고 그렇게 자신을 만들어가는 성장 과정을 보여줍니다. 그 과정을 겪으며 정체성을 찾은 사람은 자신의 주변 또한 변화시키게 되죠. 저는 꽃을 사랑하는 어린 왕자의 마음에 감동을 했어요.

지승엽 어린 왕자가 해지는 황혼을 좋아하는 이유는 해가 지고 어둠이 내리면 비로소 보이지 않던 것이 보이기 때문이 아닐까요? 그가 조종사에게 사랑하는 장미를 직접 그려달라고 하지 않고 양을 그려달라고 한 것도, 같은 맥락에서 이해할 수 있어요. 소행성의 장미는 보아뱀 속 코끼리나 사막 속 우물과 같이 눈이 아니라 마음으로 이해할 수 있는 것이니까요. 어둠 속에서 반짝이는 별들이 아름다운 이유는 그 별 어딘가에 어린 왕자의 장미가 존재하기 때문이었죠. 마찬가지로, 내가 사는 곳이 아늑해 보이는 건 저기 어딘가 사랑하는 가족이 있기 때문입니다. 집이건, 별이건, 사막이건, 그것들을 아름답게 하는 것은 눈에 보이지 않는 것들입니다. 자기 앞에 있는 사람의 내면을 이해할 수 있는 사람들이 많아졌으면 좋겠습니다.

김서영 상대방의 내면을 이해하기 위해서는 우리 자신의 작은 세상을 열어젖힐 수 있어야겠지.

김건욱 그러려면 나만의 우물을 벗어나야 합니다. 균열에 맞서는 게 두려워서 강박이나 히스테리와 같은 우물 속에 스스로를 가두는 경우가 많습니다. 그런데 우물에 빠진 사람은 자기가 우물 속에 있다는 걸 모르지 않나요? 여기서는 융이 더욱 실천적인 해답을 제시하는 듯합니다. 어두운 우물 속에서는 내 그림자를 볼 수가 없어요. 우물 밖으로 나를 던졌을 때, 빛을 만나 비로소 내 그림자가 나타나죠. 그리고 바로 그때 우리는 우물 밖으로 나올 수 있게 됩니다.

김서영 아, 우물 속에서 뭔가를 해결하려 하지 말고 우물 밖으로 나 자신을 던지는 게 먼저라는 말이구나. 여우의 말처럼 답은 관계에 있는지도 몰라.

김건욱 "나를 그렇게 화나게 했던 그 발톱 이야기가 내 마음을 푸근하게 할 수도 있었는데 ……"

장미의 발톱 이야기가 왜 어린 왕자를 그렇게 화나게 한 것일까요? 그 발톱 이야기가 어린 왕자 안의 화를 확인시켜준 것은 아닐까요? 그는 장미의 발톱 이야기를 통해 자신의 그림자를 만날 수 있었습니다. 하지만 그림자를 직면하는 것이 두려워 거기서 도망쳐 나왔죠. 나약한 회피입니다. 나중에 그는 자기가 너무 어렸다고 고백합니다. 성숙의 여지를 알려주는 부분입니다.

조일남 사랑하는 꽃을 단지 소유물로만 생각했던 어린 왕자는 사업가와 별반 다르지 않아요.

김서영 그렇게 본다면 이 작품은 어린 왕자의 성장기구나. 어린 왕자와 사업가의 차이는, 후자는 변하지 않는 반면 전자는 변하고 있다는 거겠네. 그건 그가 많은 관계들 속으로 뛰어들어 소중한 깨달음을 얻었기 때문이겠지.

그렇지, 일단 관계 속으로 나 자신을 던져야 내 그림자가 보여. 그 말이 맞다.

강박적 구조나 히스테리적 구조는 삶의 근본적 균열에 대해 이야기하지만 그림자와의 대결에 대해서는 별 조언을 해주지 못한다고 했는데, 나도 그 생각에 동의해. 내가 조금 더 이론적으로 설명해볼게.

강박적 구조의 경우, 변수가 늘 불편하지. 장미는 결코 어린 왕자가 원하는 대로만 이야기하지 않을 거야. 어린 왕자도 장미가 바라는 대로만 행동하지는 않을 테고. 제일 마음 편한 건 안 보는 거지. 서로의 규칙 속에 갇혀서 그냥 각자 사는 거야. 문제는 그렇게 만든 작은 인위적 세상에 항상 균열이 난다는 거지. 균열은 어쩔 수 없는 삶의 기본적인 요소야. 그걸 두려워하면 어떤 관계도 가질 수 없게 되지. 반면 왕자가 모든 것을 장미에게 맞추거나, 또는 장미가 모든 것을 왕자에게 맞추면 그건 또 히스테리적 구조인데, 이 역시 성공이 불가능한 구조야. 왜냐하면, 상대방을 백 퍼센트 완벽하게 만족시킨다는 것 자체가 불가능하거든. 왜냐고? 우리 자신도 우리가 뭘 원하는지 잘 모르잖아. 나조차도 확실하지 않은 걸 남이 어떻게 알겠어? 이 경우에도 균열은 필수적이지. 그런데 건욱이는 지금, 정신분석학 이론은 그런 균열 자체에 대해 우리가 뭔가를 할 수 있도록 돕지는 않는 듯하다고 말하는 거야. 그것보다 더 중요한 건 일단 우물 밖으로 나오는 거지. 그래야 진짜 게임이 시작된다는 건데, 설득력 있는 주장이다. 내가 그래서 프로이트를 전공했으면서도 융을 좋아하게 되었나 봐.

어린 왕자가 장미의 태도에 그렇게 화를 낸 건, 장미의 행동 자체 때문이라기보다는 그 행동에 의해 그 안에 있는 무엇인가가 자극되었기 때문이라는 거지? 살다 보면 싸울 수밖에 없을 때도 있어. 부당한 일을 바로잡기 위해 싸워야 하는 경우도 있지. 그런데 감정적으로 반응할 일이 아닌데 지나치게 화가 나거나 상대방이 너무나 미운 경우도 있어. 후자의 경우는 문제가 내 안에 있을 확률이 높아. 나를 그렇게 화나게 만드는 그 사람이 바로 그림자지. 더 정확하게 말하자면, 그는 내 안의 그림자를 보여준 사람이야.

김은빈 선생님, 니체가 "괴물과 싸우는 사람은 자신이 이 과정에서 괴물이 되지 않도록 조심해야 한다. 만일 네가 오랫동안 심연을 들여다보고 있으면, 심연도 네 안으로 들어가 너를 들여다본다"고 했는데, 이 말이 그림자와 관련되는 걸까요?

김서영 『선악의 저편』에 나오는 부분이지. 나도 기억해. 그렇게도 해석할 수 있지 않을까? 그런데 그 구절을 융과 관련시키려면, 지금까지 이야기한 것보다 이론을 조금 더 복잡하게 풀어야할 것 같다.

혹시 장준환 감독의 〈화이〉(2013)라는 영화 봤니? 부제가 '괴물을 삼킨 아이'야. 괴물과 싸우다가 두려운 심연이 주인공 속으로 들어가, 그 자신이 괴물로 변하는 이야기라고 해도 되겠네. 스포일러 정말 미안하다. 이건 한 가지 해석일 뿐이니 이해해줘.

심연을 대면했을 때 우리는 심연에 압도되어 괴물 그 자체, 또는 심연 그 자체가 되어버릴 수도 있고, 심연을 대면하여 괴물이 나를 바라보게 이끌고 소통하며 합일을 도모할 수도 있을 거야. 괴물을 길들이는 거지. 괴물과 합일하면 어떻게 되었었니? 야수와 구렁이가 왕자와 멋진 청년으로 변했었지. 그건 심연에 빠져 괴물에게 잡아먹힌 상태가 아니야.

김은빈 그렇다면 심연을 들여다봐야만 심연 역시 나를 들여다볼 수 있다는 거잖아요. 심연이란 나 자신을 다르게 바라보는 창구가 될 수 있겠네요. 심연을 바라보았을 때 비로소 다른 창구가 열리는 게 아닐까요? 그렇게 그림자를 들여다보고, 동시에 그림자의 입장에서 나를 바라보는 더 넓은 시각을 갖게 된다는 것 아닌가요?

김서영 심연을 두려워하지 않을 때 비로소 은빈이처럼 이야기할 수 있겠지.

그래, 심연이야말로 우리를 새로운 세상으로 이끄는 통로야. 어린 왕자가 장미의 어설픈 거짓말을 대면했을 때 그는 아찔한 심연을 느끼지. 아, 그렇다면 장미가 어린 왕자의 대극일 수도 있겠구나! 어린 왕자는 전혀 가식적이지 않고, 지치지 않고 노동하며, 모순이 없는 사람인데, 그런 그 앞에 가식적이고 게으르며 모순투성이인 장미가 나타난 거야. 대극이네. 그리고 그는 심연을 대면하여 화가 나고 겁도 났어.

은빈이 말대로 그 지점이 바로 외부와 내부가 연결된 통로일 거야. 어린 왕자가 "그 어설픈 거짓말 뒤에 따뜻한 마음이 숨어 있는 걸 눈치챘어야 했는데"라고 말할 때 그는 그림자 자체가 되어본 거지. 그래서 장미를 다르게 볼 수 있었고. 심연을 통과해 그림자를 마주 보지 않으면 그림자가 가진 긍정적인 특성을 이해할 수 없어.

분석심리학에서는 균형과 조화를 중시하기 때문에 남성인 경우 내면에 여성성을 가지고 있으며 여성인 경우 내면에 남성성을 가지고 있다는 설명을 하는데, 여성 속의 남성성을 '아니무스animus', 남성 속의 여성성을 '아니마anima'라고 부른단다. 물론 이 이론을 내가 완전히 받아들인다는 뜻은 아니야. 전형적인 분석에서 어떻게 해석이 전개될지 생각해보는 거지. 이 경우 장미를 어린 왕자의 아니마 형상으로 분석할 텐데, 그렇게 한다 하더라도 위의 분석은 여전히 유효해. 받아들일 수 없었고, 비판만 하게 되던 유치한 아니마 형상이 어린 왕자의 성장과 함께 분화하잖니. 이 역시 대극의 합일로 설명할 수 있단다.

박재희 저는 프로이트의 정신분석학이나 융의 분석심리학에서 성숙으로의 여정이 다르다고는 생각하지 않습니다. 강박적이고 히스테리적인 자신을 이해하며 균열을 받아들이는 것이, 융이 말하는 대극의 합일이나 그림자를 받아들이는 과정과 다르지 않다고 생각합니다.

김서영 나도 그렇게 생각해. 라캉은 미숙한 영역, 현실적인 영역, 그 너머의 신비한 영역으로 우리의 정신세계를 구분했는데, 각각을 상상계, 상징계, 실재계라고 불렀어. 상상계는 이미지에 죽고 이미지에 사는, 책의 초반에 등장하는 장미 같은 정신 상태지. 상징계는 매일매일 별을 청소하고, 장미에 물을 주는, 노동이 있는 세상이야. 그냥 현실이라고 하면 되겠지. 마지막으로 실재계는 그 너머의 신비란다. 어린 왕자가 장미의 말 너머의 이야기를 들을 수 있게 되었을 때 그들이 진정한 친구가 되잖니? 보이는 것 너머, 들리는 것 너머의 진정한 이야기가 바로 실재계적인 세상을 만든단다. 그 세상이 있기에 우리는 어른이면서도 아이일 수 있고, 마음으로 볼 수도 있고, 사막 속에서 우물을 찾을 수도 있는 것이겠지.

가끔은 상상계적인 상태에 있는 사람과 실재계적인 상태로 나아간 사람이 비슷하게 보이는 경우가 있단다. 예를 들어, 다른 사람 생각만 하며 타인의 욕망에 휘둘리는 사람은 히스테리적 구조를 가진 경우잖아? 그런데 우리는 아무도 다른 사람 생각을 너무 많이 한 역사 속 인물 예수에 대해서는 그렇게 이야기하지 않아. 위대한 분이지. 실재계적인 신비를 보여준 분이고. 여기엔 과잉이라는 요소가 있단다. 우리가 많이 약해져 있을 때 우린 히스테리나 강박이라는 구조 속에 고착되지. 그런 상태에서는 과잉이 불가능해. 약한 구조잖니. 실재계적 세상은 과잉적인 세상이란다.

사실 이와 같은 정신분석학의 실재계라는 개념은 분석심리학에서 말하는 신화와 같은 거야. 재희의 말대로 성숙에 대한 이야기도 다르지 않지.

이혜림 그렇다면 실재계적 믿음은 상상계에서 상징계로 이행하게 만드는 원동력이며 균열이나 불안에 맞서게 하는 힘이군요?

김서영 그렇게 볼 수도 있지.

이혜림 두 이론의 공통점은, 우리가 한 단계 업그레이드되는 과정에서 실재계적 믿음 혹은 신화적 힘이 작용하여 방향성이 결정된다는 겁니다. 또한 그런 방향성을 갖고 앞으로 나아가기 위해서는 정체성을 찾는 노력, 또는 상징계에서의 노력이 필요할 것 같아요.

김서영 그렇지, 바로 그게 제일 중요한 부분이야. 가장 중요한 건 우리가 현실에 두 발을 붙이고 있는 거지. 그게 상징계거든. 그 속에 당당히 서서 실재계적인 힘을 발휘해야 하는 거야. 네 말이 맞아.

이혜림 그런데 과잉이라는 요소를 강조하는 정신분석학보다는 일상의 신화를 이야기하는 분석심리학이 훨씬 마음에 와닿아요. 상징계에서 쉽게 행하기 어려울 정도의 과잉이 필요하다면 그건 너무 어렵잖아요. 전 하루하루 조금씩 스스로를 쌓아나가는 것이 정말 어렵지만 의미 있는 일이라고 생각해요. 그리고 그렇게 함으로써 가능해지는 일상의 신화가 더 매력적으로 느껴져요. 왜냐하면 그 신화들은 현실 속에서 자라나는 열매이기 때문이죠. 내 안에는 나약한 나, 감추고 싶은 그림자와 같은 나가 있어요. 그런 나와의 싸움과 화합을 통해 나 자신을 쌓아가죠. 어제의 나, 그 전날의 나, 또 그 전날의 나로 켜켜이 쌓아온 내가 있어요. 그렇게 쌓인 나는 내일의 나와 먼 훗날의 나를 지탱하는 힘이 되겠죠.

그런데 그렇게 자신만의 신화를 만들어내도, 누군가를 위해 예수만큼의 희생을 하거나 카프카처럼 최악의 상황을 성찰하며 역사에 남을 작품을 창작해내기는 어려울 거예요. 반면, 스스로를 쌓아가는 것 자체는 아무리 어려워도 해볼 만한 작업이죠. 내 안의 힘을 믿고 받아들이기 힘든 또 다른 나와 한판 붙어볼 자신은 있습니다. 그러다 보면 생길 거짓말 같은 나만의 신화가 그리 먼 일이 아니길 바라는 마음이 있기에, 제게는 융의 이론이 더 적절하다고 생각해요.

김서영 멋진 이야기다. 정신분석학을 전공하며 힘들었던 건, 상징계라는 현실이 출발점에 지나지 않는다는 거였어. 실재계적인 힘을 발휘하라고 하는데, 나는 늘 지쳐 있었거든. 그때 정신분석학은 나를 보듬는 이론이 아니었어. 융은 달랐지. 네가 이야기한 대로 현실 속에서 내게 힘을 돋워주었거든. 내가 해야 하는 건 또 다른 나와 한판 붙는 것, 바로 그 하나뿐이었지. 어둠 속으로 침잠하여 심연을 대면하니 통로가 보였어. 그리로 용감하게 한 걸음, 한 걸음 걸어갔지. 그 속에서는 빛이 보일 때까지 걷는 수밖에 없어. 빛이란 깨달음이야. 어린 왕자가 오천 송이의 장미꽃들 앞에서도 더 이상 울지 않게 되는 그 깨달음. 그 순간 신화가 시작되지.
사실 정신분석학적 과잉의 의미와 실재계적 희열도 별 게 아니란다. 각성, 새로운 시선 그 자체일 뿐이야. 마음으로 보면 그동안 가능하지 않았던 사유가 가능해진단다. 그리고 자유로워지지. 실재계적 각성이란 성숙의 다른 이름이야. 더 많은 걸 보듬고 더 많은 걸 이해하게 되는 과정이기도 하고.

김은빈 오즈 야스지로小津 安二郎, 1903~1963 감독의 〈동경이야기東京物語〉(1953)는 우리에게 우리의 신화가 화려하지 않아도 괜찮다고 이야기하는 것 같습니다. 영화는 화려하기만 한 막연한 가치를 꿈꾸던 상상계적 나를 상징계로 나아가게 합니다. 성숙하기 위해서는 그 상상계적 허상 속에 내내 버려져왔던 초라한 상징계적 나를 따뜻하게 감싸 안아야 합니다.

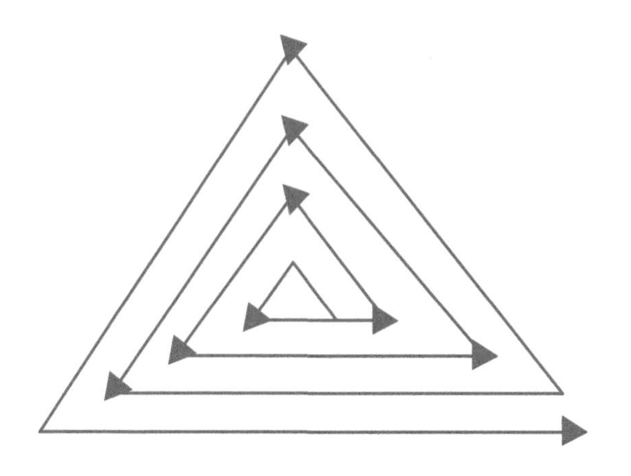

내 신화가 화려하지 않아도 괜찮습니다. 영화는 우리의 허무함을 좀 더 따뜻하게 바라보는 것이 성숙함이라고 말합니다. 실체 없는 큰 허무함에 질식되지 않기 위해서는, 막연한 가치가 아닌 구체적인 기대 속에서 나만의 기준을 찾고 꾸준히 노력할 수 있어야 합니다.

김건욱 저는 상상계, 상징계, 실재계가 점, 선, 면으로 삼각형을 만들어 간다고 생각해요. 우리가 고착되는 지점이 상상계라면, 각각의 상상계적인 점들을 이동시키는 균열의 인식은 상징계적인 선으로 표현할 수 있습니다. 얼핏 불편해 보이는 점 이동과 선 긋기를 즐기면, 삼각형은 걷잡을 수 없이 커져서 실재계적인 면이 될 겁니다. 점, 선, 면이 함께 있는 거죠.

김서영 점들을 잇는 선을 무한히 그려가면 면이 된다는 거구나. 난 보통 라캉의 삼각형을 오른쪽으로 이어 그리는데, 한 공간에 그려 넣어 면을 만들었네. 그 중심은 비어 있겠다, 그렇지?

김건욱 네. 공집합은 모든 집합의 부분집합인 유일한 집합입니다. 완벽한 건 없죠.

김서영 완전함에 대한 허상이 우리를 히스테리적 구조나 강박적 구조에 고착시키지.

김건욱 빈틈투성이인 세상에서 삼각형 위의 이동을 즐긴다는 건, 그 균열을 외면하여 강박적 구조나 히스테리적 구조에 기대는 것이 아니며, 그보다는 삶을 여행한다는 뜻일지도 모릅니다. 모든 것에는 균열이 있고, 엎친 데 덮친 격으로 모든 것은 변합니다. 균열과 변화를 수용하여 삶을 대할 때 비로소 세상에 쫓기지 않고 세상을 창조하며 살 수 있을 것입니다.

지승엽 말뚝에 묶인 새끼 코끼리는, 성장하며 충분한 힘을 가지게 되었을 때조차 말뚝을 뽑아내지 못합니다. 벼룩을 가두어 기르면 뚜껑을 열어주어도 그 높이까지밖에 못 뜁니다. 상황이 바뀌었음에도 불구하고 우리는 지금, 과거의 영광 또는 슬픔 속에 갇혀 있는 것이 아닐까요? 왕비의 편지가 두려움인지, 휘황찬란했던 순간인지는 모르나, 항상 질문을 던지고 변화해나가야 성숙해질 수 있는 것입니다.

김서영 그렇지, 그렇게 움직여나가야만 하는 거지. 우린 편지의 내용을 몰라. 소설에도 나오지 않아. 편지의 내용이 없는 이유는 그게 공집합 그 자체이기 때문일 거야. 삼각형의 움직임이 시작되는 그 지점을 그렇게 부르는 것일 수도 있고, 모든 것의 시작, 즉 세상 속으로 태어나는 것 자체를 그렇게 가리킬 수도 있겠네. 우리에게 주어진 주민 번호가 편지일 수도 있지. 그런데 그건 B612 같은 것이라, 우리가 누군지 이야기해주지 못하지. 정체성을 생성해나가는 여정은 그 공백에서부터 시작되는 걸 거야.

이창수 분석심리학에서도 같은 이야기를 할 수 있습니다. 데미안은 내면의 형상입니다. 우리의 내면은 의식이 알지 못하는 신화로 가득 차 있고 언제나 찾으려 하는 해답은 우리 안에 있습니다. 데미안은 결국 사라집니다. 데미안과 싱클레어가 하나가 되며, 더 이상 그가 보이지 않는 것처럼 느껴지는 것이죠. 그렇게 한 걸음 성장하였지만, 우리는 알을 깨고 데미안의 세상보다 더 성숙한 단계로 다시 나아가야 합니다. 마치 「도난 당한 편지」에서 인물들이 삼각형을 그리며 끝없이 나아가듯 말이죠. 모든 해답과 방법과 과정이 내 안에 있다는 생각에 용기가 샘솟습니다.

김서영 대학원 과정에서, 끝없이 이어지는 라캉의 삼각형에 대해 처음 배울 때 난 좀 허전한 느낌이 들었어. 중심은 공백이고, 우리는 계속 멈추어 고착될 수밖에 없으며, 그런 상상계적 구조에 끊임없이 균열이 나야 하고, 우리는 우리의 의지와 무관하게 언제나 다른 위치로 이미 이동된 상태라는 설명은 정말 힘이 빠지게 만들더구나. 여기서 어떻게 성숙에 대해 이야기하고, 결단과 선택에 대해 이야기한단 말이야? 위로와 위안은 어디 있어? 물론 공부를 계속해가며, 균열을 견디고 앞으로 나아가는 것 자체가 성숙을 의미한다는 걸 깨닫게 되었지만, 그래도 늘 그 도식에서 가차 없는 차가운 느낌을 받곤 했지. 그런데 오늘 생각이 조금 달라진다. 뭔가 채워지는 느낌, 끝없이 달리다 갑자기 삶에 여유가 생긴 느낌이 들어. 물론 점, 선, 면으로 그린 도식 역시 마침표를 찍을 수 없이 계속 이어지지. 그러나 적어도 달리다 잠시 앉아 쉴 수 있는 공간을 제시해주잖아. 창수의 이야기도 정말 멋있다. 싱클레어가 자신의 내면에서 데미안을 찾았다고 해서 그게 끝은 아니지. 『데미안』이라는 소설은 하나의 선을 만들었고 마지막 장면은 또 하나의 점일 뿐이야. 그 점을 확대하면 그 속에서 주인공은 다시 알에서 깨어나기 위해 사투를 벌이고 있겠지. 그렇지 않다면, 그냥 하나의 알 속에 갇혀 있게 될 테고. 데미안이 보여준 세상보다 더 성숙한 단계로 다시 알을 깨고 나아가야 한다는 말이 마음에 와닿는다.

네가 말한 대로 물론 그건 라캉의 삼각형과 정확히 동일한 이야기를 하고 있어. 성숙의 과정에 대한 이야기지. 답이 내 안에 있다는 이야기는 언제나 큰 위로가 되는 듯해. 파울로 코엘료Paulo Coelho, 1947~의 『연금술사 *O Alquimista*』(1988)도 분석심리학적인 소설이야. 보물을 어디서 찾을 수 있는지 이미 답이 나왔네.

이창수 그게 바로 세잔의 작업이기도 합니다. 그는 사고하고 또 사고하여 대상의 내면을 바라보고, 그리고 또 그렸죠.

박재희 세잔은 진정한 사과의 모습이 보일 때까지, 이웃들의 모습이 뚜렷해질 때까지 그리고 또 그렸습니다. 그는 사회에서 인정하는 기술을 쌓은 것이 아니라 자기 자신의 개성을 키워갔습니다. 선악의 경계가 무너지는 것처럼, 그는 세상의 인정과 평가에 목매기보다는 자기 생각, 표현, 마음을 위해 노력했습니다. 그저 단기적 노력이 아니라 세상이 감동할 만한 노력을 하는 것, 그것이 바로 개성화 과정입니다. 영웅은 자신의 삶을 선택합니다. 그것은 남을 모방한 선택이 아니며, 생각 없이 대충 내리는 결정이 아닙니다. 온전한 나 자신이 되어 내리는 선택은 우리가 우리 안의 신화를 써 내려가는 발자취입니다.

끝없이 이어지는 삼각형은 그 자체에 의미가 있고, 그것 또한 개성화 과정의 일부이며, 우리는 오늘 또다시 새로운 삼각형을 만들 수 있습니다.

김건욱 세잔의 스토리는 융의 개성화를 너무나 잘 보여줍니다. 세잔은 자기 기준에 충실하게 그림을 그렸습니다. 그는 삼각형 속에서 이동에 자유로운 인물입니다. 상징계적 이동이 중첩되어 하나의 큰 면이 만들어진다고 말씀드렸는데, 화살표가 안쪽으로 향하며 삼각형의 크기가 점점 작아질 수도 있겠습니다. 그렇게 자기만의 개성화된 뾰족함으로 하나의 송곳이 된 세잔의 그림이 미술이라는 벽에 꽂히게 된 거죠. 그리고 거기에 피카소의 그림이 걸릴 수 있었던 게 아닐까요?

김서영 면이 좁아지면서 이동을 하면 결국 이 과정을 무한히 반복했을 때 마지막 지점이 생기지 않나? 더 이상 계속될 수 없는 지점. 여기서 북유럽 신화의 라그나뢰크를 생각해보면 어떨까? 북유럽 신화에는 언제나 신들의 운명, 즉 주요 신들이 사라지는 라그나뢰크가 언급된단다. 〈토르 Thor〉(2017)와 같은 영화들이 나왔지만, 그 영화들은 북유럽 신화의 세계관을 잘 표현하지 못해. 라그나뢰크는 막을 수 있는 재난이 아니라, 시작과 끝의 순환을 의미하는 필연적 사건이거든. 끝이지만 동시에 시작이기도 하지. 그래서 오딘이 아무리 발퀴레들을 통해 전사들을 모으고 발할라 성을 사수해도 그 마지막 지점은 막을 수가 없는 거야. 바그너Wilhelm Richard Wagner, 1813~1883의 오페라 〈니벨룽의 반지Der Ring des Nibelungen〉는 균형이 깨진 세상에서 시작하여, 도둑맞았던 라인강의 황금이 원위치로 되돌아오며 세상의 균형이 회복되는 것으로 막을 내린단다. 신들의 성이 불타고 마지막에는 소수의 신들과 한 쌍의 남녀가 남지.* 운명의 여신들이 잣던 실은 끊어지고 오딘의 창은 부러지며 영웅과 주요 신들은 종말을 맞이하지만, 그 후 다시 새로운 세상이 시작돼. 그리고 살아남은 남녀로부터 새로운 인류가 번성하게 된단다.**

이혜림 끝과 시작이라는 대극이 합일되어 다시 균형을 불러올 수 있게 되었어요. 끝이라는 개념은 우리에게 불안을 느끼게 합니다. 그러나 사수

---

* 바그너의 오페라를 공연할 때는 보통 몇몇 인간들만이 남는 것으로 묘사됩니다.

** 라그나뢰크에 대한 『고에다』, 『신에다』, 그리고 바그너의 오페라 〈니벨룽의 반지〉의 묘사는 서로 다릅니다. 그러나 공통된 부분은 기존의 세상이 끝난다는 것입니다.

해야 하는 최후의 보루가 무너지고 나서야 황금은 라인강으로 되돌아가게 돼요. 우리 삶에서도 마찬가지입니다. 지금의 행복 혹은 불행이 끝나지 않는다면 어떨까요? 끝나지 않는 불행은 삶의 의지를 빼앗고, 끝없는 행복은 삶의 열정을 빼앗을 것입니다. 끝이자 시작인 라그나뢰크는 우리를 균형감 있게 살도록 돕는 에너지일 수도 있습니다.

김건욱 그건 상상계적 질서가 무너지고 새로운 점으로 이동한다는 뜻도 되지 않을까요? 상상계적 점의 라그나뢰크적 파괴 없이는 그다음 점으로 상징계적 이동을 할 수가 없습니다. 마치 밭에 불을 놓아 이후에 농사가 더 잘 되게 하는 화전과 같은 게 아닐까요? 이 과정은 반복되겠죠.

김서영 그렇게 앞으로 나아가게 되겠지. 이 서사가 인간에 대해서는 어떤 이야기를 들려주고 있다고 생각하니?

이수빈 신들이 사라진 후 다시 신화를 써 내려가는 존재는 인간입니다. 인간의 강인함을 찾아볼 수 있죠. 인간의 강인함은 내 존재에 대한 믿음을 줍니다. 끝이 있다는 점도 위로가 됩니다. 지크프리트가 한없이 앞으로 나아가는 여정을 거칠 때, 여정의 끝을 알았다면 조금 더 힘을 낼 수 있었을 지도 모릅니다. 하나의 여정 끝에는 새로운 여정이 있습니다. 그렇게 우리는 반복되는 일상이라는 여정 속에서도 새로운 시작에 대한 기대를 할 수 있게 됩니다.

손병진 대극의 합일로 우리를 이끄는 것들의 중심에 있는 것이 죽음과 이별일지도 모르겠어요. 죽음과 이별 모두 피할 수 없는 것이잖아요. 조종사와 어린 왕자는 피할 수 없는 이별 속에서, 비록 몸은 떨어져 있더라도 영원한 정신적 합일을 이루기 위해 그들이 가지고 있던 소중한 것을 공유하죠. 그들은 그들의 소중한 것을 위해 이별해야만 하는 상황을 맞이

합니다. 조종사는 자신의 가족 혹은 친구들을 위해 살아남아 일상 세계로 돌아가야만 해요. 언제까지고 사막에 있을 순 없죠. 그건 성숙하지 못한 것입니다. 이별은 그들을 성숙하게 만듭니다. 이별이 다가오자 그들의 관계는 더욱 견고해지죠. 마지막에 어린 왕자는 조종사에게 미소를 선물하고 조종사는 어린 왕자에게 물을 선물합니다. 그들은 그렇게 이별을 앞두고 불멸의 우애라는 신화를 이루게 되죠.

김서영　그 이별을 통해 조종사는 사막을 벗어나고 어린 왕자는 자신의 별로 돌아가게 되지. 그 이별이 오지 않기를 바랐던 것 같아. 『어린 왕자』를 출간하는 과정에서 편집자도 작가에게 제발 어린 왕자를 살리자고 애원했었나 봐. 그런데 그는 마지막 장면을 바꿀 수가 없었대.

김은빈　선생님, BBC 〈닥터후 시즌5〉의 반 고흐 에피소드를 보셨나요?

김서영　아니. 어떤 이야기니?

김은빈　닥터 일행의 선의로 반 고흐는 미래로 가 오르세 미술관에서 자신의 성공을 목격합니다. 그는 전율에 눈물을 흘리죠. 따뜻한 위로였습니다. 고흐를 과거로 데려다준 뒤 현대로 돌아온 닥터 일행은 혹시 그의 새 작품이 있는지 확인합니다. 그러나 새 작품은 한 점도 없었습니다. 그는 여전히 같은 선택을 했어요. 사후 성공을 두 눈으로 확인했음에도 불구하고 그에게 예술의 무게는 여전히 무거웠던 겁니다. 고흐의 자화상에는 외로움과 고난과 우울이 보여요. 그건 예술을 바로 봤기에 그가 짊어질 수 있었던 무거움이죠.

김서영　그가 짊어질 수 없었던 무거움일 수도 있고…… 『어린 왕자』에도 그런 무거움이 있을까?

김은빈　『어린 왕자』는 어렸을 때 누구든 한 번쯤 읽거나 들어 친숙한 이야기에요. 그렇기 때문에 안다고 생각할 수밖에 없는 이야기죠. 그러나 『어린 왕자』에 대한 이야기가 시작되며, 강의 시간, 백 개가 넘는 좌석 중 하나에 앉아서 갑작스레 마치 외딴 별에 뚝 떨어진 것 같은 느낌을 받았습니다. 행성에 앉아 해가 지는 모습을 보는 어린 왕자를 그린 그림에서 올라오는 막연함에 당황했습니다.

그런 무거움을 짊어지기 두렵기에 예술을 외면했었던 것 같습니다.

김서영 네가 토론을 시작하며 말한 대로, 이제는 어린 왕자와 함께 마흔네 번의 해넘이를 함께 마주하며 그 무게를 견딜 수 있게 되었잖아.

나도 그런 것 같아. 더 이상 어린 왕자를 피하지 않게 되었어. 마흔네 번 해넘이를 마주할 수 있을 것 같아.

손병진 그 마흔네 번의 해넘이를 마주할 수 있게 해주는 것이 바로 추억 아닐까요? 저는 만화판 『바람계곡의 나우시카*風の谷のナウシカ*』를 좋아합니다. 이 작품은 살아가는 이유에 대한 이야기를 들려줍니다. 작품 속 주연과 조연들은 모두 자신만의 소중한 것들을 지키기 위해 투쟁하고 화합하며 빛을 향해 나아갑니다. 하지만 현실이라는 건 정말 냉혹해서 그들은 계속 비극 속으로 내던져집니다. 특히 나우시카는 모든 노력과 믿음이 배신당하고, 가족같이 여기던 벌레 친구들까지 잃게 되죠. 그녀는 결국 그 절망을 견디지 못해 자살을 시도하고 혼수상태에 빠지게 됩니다. 하지만 그때, 그녀의 꿈속에 옛 친구들이 나타납니다. 그들은 그녀가 가지고 있던 추억의 세계로 그녀를 인도합니다. 나우시카는 자신이 가장 행복했을 때의 기억들, 자신을 대가 없이 사랑해줬던 사람들에 대한 기억들, 벌레와 함께 뛰놀던 기억들을 마주하며 다시 한 번 희망을 품고, 다시 한 번 삶의 의지를 불태우게 됩니다.

추억이라는 공간은 가장 소중한 것들과 가장 찬란한 감정으로 가득 차 있습니다. 우리가 가장 행복했을 때의 기억들, 우리를 대가 없이 도와주고 사랑해줬던 사람들, 우리가 열광하며 봐왔던 것들, 그것 자체가 바로 신화인 것입니다. 저는 추억이야말로 우리 모두가 가지고 있는 진정한 신화적 공간이라 생각합니다.

김서영 그 신화적 공간이 우리를 숨 쉬게 하는 것이 아닐까? 길들임의 신화도 바로 그 공간을 채우는 내용이겠지. 우리를 들여다보는 심연이 아무리 무섭고 두려워도 내가 사랑하는 사람들과 손을 잡고 있다면, 우린 마흔네 번 그 심연을 마주할 수 있을 거야. 저만치에 지나치게 귀가 긴 여우 한 마리가 보이네.

이창수 어린 왕자에겐 여우가 있었듯이 장 발장에겐 미리엘 주교가 있었어요. 그리고 자베르에겐 장 발장이 있었죠.

김서영 조종사는 어린 왕자의 질문에 답했고, 어린 왕자는 여우를 길들였고, 장 발장은 미리엘 주교의 정신적 초대를 받아들였지, 그렇지만 자베르는 장 발장을 끝까지 받아들이지 않았잖니?

이창수 우리 안에는 자베르도 있어요. 그래서 성숙한 삶으로 걸음을 옮길 것인지, 아니면 내 안의 자베르와 함께 사라질 것인지는 우리의 선택에 달려 있습니다.

김서영 『어린 왕자』는 성숙한 삶을 위한 선택을 길들임이라고 불렀지. 수빈이는 우리가 온전한 나 자신이 되기 위해서는 다른 행성을 길들여야만 한다고 이야기했어. 은빈이가 묘사했듯, 백 개가 넘는 좌석에 흩뿌려져 있는 우리 행성들은 자신이 누구인지 알기 위해 서로에게 말을 걸고, 서로를 길들여야만 할 거야. 그렇게 서로를 마주하는 순간, 외딴 섬들이 밤하늘의 찬란한 별들처럼 빛을 발하며 세상을 비추기 시작하겠지. 그게 바로 실재계적 신비로 가득 찬 신화적 세상이 아닐까? 그 세상에는 코끼리를 삼키는 보아뱀도 있고 여우를 사냥하는 포수도 있고 맹독을 품은 뱀도 있겠지만, 우리는 이 그림자들을 환하게 비추며 각각의 형상들을 마주할 수 있을 거야. 그럼 더 이상 우리는 그들이 두렵지 않겠지. 보아뱀 배 속의 코끼리는 보이지 않는 걸 볼 수 있는 이들의 능력을 알려줄 테고, 여우와 포수의 이야기는 가장 현명한 여우의 조언을 들려줄 거야. 마지막으로 독사는 1년 365일이 한 바퀴 온전한 원을 그리는 날, 새로운 시작을 의미하기 위해 등장할 거야. 그렇게 끝, 죽음, 이별이 아니라 시작, 삶, 재회를 의미하는 상징이 되겠지.* 슬픔에 대한 이야기가 아니었어. 『어린 왕자』는 찬란한 '삶'에 대한 이야기였어. 너희들과 함께 읽은 『어린 왕자』가 앞으로 내 삶에 큰 힘이 되어줄 것 같아. 너희들에게도 그랬으면 좋겠구나. 수고들 했다.

* 요시다 히로시는 『어린 왕자의 수수께끼가 풀린다』, 이가연 옮김, 조미디어, 2006에서 『어린 왕자』에 등장하는 뱀을 우로보로스(Ouroboros)로 해석합니다. 영원한 생명을 의미하는 신화적 상징이라는 것입니다.

정리

길들임의 신화를 꿈꾸며

1. 어린 왕자의 해넘이 : 마흔네 번 당신의 슬픔을 마주하라

은빈이가 밑줄 그은 구절은 어린 왕자가 마흔네 번 해넘이를 마주하는 장면이었습니다. 그녀는 "가슴속으로 그 슬픔을 곱씹고 마주 보고 다독"여야 한다고 말합니다. 앉아 있는 어린 왕자의 작은 등을 보면 그 시간을 함께 견딜 수 있습니다. 고개 돌려 피하고 싶은 마음이 사라지며 용기가 생깁니다. 어쩌면, 우리는 그동안 피해왔던 대상을 마주했을 때 그것이 걱정하던 것보다 훨씬 견딜만하다는 걸 알게 될 수도 있습니다. 『어린 왕자』가 불편했던 건, 제가 이 책의 장면들에서 다급히 눈을 돌려버렸기 때문이었습니다. 차분히 머물자, 괴로움이 용기로 바뀌기 시작했습니다. 그리고 더 이상 이 책이 불편하지 않았습니다.

2. 비틀거림의 미학 : 성숙이란 페달을 밟아 앞으로 나아가는 것

승엽이는 성숙이란 자전거 타기와 같다고 말합니다. "조금은 오른쪽으로, 또 조금은 왼쪽으로 기울어질 수밖에 없"지만, 그럼에도 균형을 잡아 앞으로 페달을 밟아 나갈 수 있다고 했습니다. 가끔씩 그냥 페달에서 발을 떼버릴 때가 있습니다. 우린 그 상태로, 아무것도 변하지 않는다고, 아무것도 변하지 않을 거라고 낙담하기도 합니다. 그는 일단 비틀거리며 앞으로 나아가는 것, 비틀거리는 가운데 균형을 잡는 것, 그게 바로 전진하는 방식이라고 이야기합니다. 균형을 되찾았기에 다시 걸을 수 있게 되는 게 아니라, 비틀거림의 과정 속에서 균형을 찾게 된다는 것입니다. 비틀거리지 않고 걷는 것이 불가능하다는 걸 깨달을 때 삶의 무게는 조금 가벼워집니다.

3. 캄캄한 우주 속 별들 : 그럼에도 살아간다는 건 찬란한 것

병진이는 "살아간다는 건 찬란하고도 슬프며, 절망적이면서도 희망적이고, 아름다우면서도 추한 동시에 겸손한 것"이라고 말합니다. 그는 살아간다는 말만큼 아름다운 건 없다며 "우리가 가장 행복했을 때의 기억들, 우리를 대가 없이 도와주고 사랑해줬던 사람들, 우리가 열광하며 봐왔던 것들"을 소중한 추억으로 간직해야 한다고 말합니다. 그는 추억을 신화적 공간이라고 부릅니다. 그런 의미에서 추억은 과거가 아닙니다. 현재를 살아가게 하는 것, 우리의 삶을 찬란하게 만드는 것, 그것이 바로 추억일 것입니다. 우리는 오늘 이 순간 또 하나의 추억을 만들고 있습니다.

4. 보아뱀의 배 속, 그 안락한 어른의 자리를 떠나다

일남이는 우리 자신이 만든 "세계의 안락함에 빠져 바깥은 보지 못한 채 살아가는 게, 제 발로 보아뱀의 입속으로 들어가는 것"과 같다고 말합니다. 보아뱀의 배 속에서 꼼짝하지 못하고 그 상태로 존재가 소멸되겠죠. 그는 그 공간을 "어른의 자리"라고도 부릅니다. 그의 말대로 『어린 왕자』는 우리에게 그 자리를 박차고 일어날 힘을 선물합니다. 일남이는 『어린 왕자』 속을 거닐며 각 인물의 내부로 들어갑니다. 어느 날은 코끼리가 되고, 또 다른 날은 어린 왕자가 됩니다. 이 여정 속에서 마침내 여우를 만나죠. 그는 『어린 왕자』의 세계를 탐험하는 우리에게 지도를 건네줍니다. 마킹된 지점을 따라가다 보면 우리는 여우를 만나게 됩니다.

5. 길들임의 신화를 꿈꾸며 : 함께 마음의 길을 걷다

혜림이는 『어린 왕자』에서 길들이는 과정을 소중하게 생각하지 않는 사람들은 "마음의 길"을 함께 만들어나가는 "길들임의 신화"를 알지 못한다고 말합니다. 그녀는 관계를 맺는 일은 마음의 길이 연결되는 것이며, 그렇게 서로에게 정성을 기울이면 길들임의 신화가 시작되는 것이라고 설명합니다. 그것은 여우가 "밀밭에 스치는 바람 소리"마저 사랑하도록 만듭니다. 그렇게 우리는 사람과 사물과 세상을 사랑하게 됩니다. 길들임의 신화는 이미 나 있는 길에서는 찾을 수 없습니다. 그것은 새로운 길이며, 함께 만들어가는 여정입니다. 그 길을 닦는 것이 바로 우리의 정성이며, 그러한 정성은 별을 이롭게 합니다.

6. 나 자신을 이해하려면 다른 행성을 길들여라

수빈이는 우리가 우리 자신을 온전히 이해하기 위해서는 "다른 행성을 길들여야" 한다고 말합니다. 그녀는 이 과정이 비가역적이라고 합니다. 누군가를 길들이고 삶을 공유했다면 길들이기 전으로는 돌아갈 수 없다는 겁니다. 그렇다면 어떻게 해야 할까요? 수빈이는 두려움을 극복하고 용기 있게 한 걸음씩 앞으로 나아가야만 한다고 이야기합니다. 어떤 것도 정해지지 않았기에 겁이 나지만, 함께 걷다 보면 우리 자신과 세상에 대해 더 많은 것들을 깨닫게 됩니다. 어린 왕자는 이 낯선 여정 속에서 결국 여우를 만나고 삶에 대한 새로운 시각을 선물 받습니다.

7. 꽃을 기억하는 자, 삶의 주인이 되다

창수는 우리가 "사막처럼 퍽퍽한 삶의 한가운데 불시착한 인생의 조종사들"과 같다고 말합니다. 『어린 왕자』는 길을 잃은 우리에게 우리가 잊고 지냈던 마음속 꽃을 보여줍니다. 그는 우리가 꽃을 잃어버린 게 아니라는 점을 재차 강조합니다. 우리는 꽃을 잊고 있었던 겁니다. 그는 "꽃은 그 자체만으로도 우리를 빛나게" 한다는 걸 알려줍니다. 내면의 꽃을 찾으면 우리는 우리 삶의 주인공, 즉 별의 왕자가 됩니다. 우리 마음속의 꽃이란 "어느 날 순수한 열정으로 빚었던 꿈일 수도, 타오르는 사랑"일 수도 있습니다. 그 꽃을 기억해내면 우리의 삶이 특별해집니다.

8. 점, 선, 면의 미학 : 세상을 뚫는 송곳이 되라

건욱이는 라캉의 삼각형을 자신의 방식으로 변주합니다. 오른쪽으로 이동하며 멈춘 것들을 억지로 움직이게 만드는 삼각형이, 그의 해석 속에서는 점과 선으로 이루어진 하나의 면이 됩니다. 나아가 삼각형의 크기가 조금씩 작아지며, 이 과정을 무한히 반복하는 경우 도식은 송곳 모양의 나사로 변신하기도 합니다. 그는 나사가 돌아가며 현실에 구멍을 내면, 그곳에서 변화와 새로움이 가능해진다고 말합니다. 막다른 골목에 이르렀다는 막막함이 느껴질 때, 우리는 막힌 현실을 송곳으로 뚫어내야만 합니다. 어쩌면 『어린 왕자』 역시 아무것도 변하지 않는 듯한 삶 속에서 창조와 생성을 위해 돌파구를 찾아내는 이야기일 수도 있습니다.

9. B612를 떠나 의미를 창조하다

재희는 B612를 찾아 헤맸던 시간에 대해 이야기합니다. 그리고 이내 이 규정된 이름을 떠나며 그녀만의 의미를 창조합니다. "사람들이 멋지다고 생각할 만한 분석"을 떠났을 때 재희는 자신만의 이야기를 할 수 있게 됩니다. 그녀는 이 과정을 하나의 기표에 자신만의 의미를 부여하는 여정으로 설명합니다. 저 역시 오랜 시간 B612를 찾아 헤맸습니다. 그러한 시선 속에서는 장미꽃 오천 송이가 꽃 한 송이보다 오천 배 더 값진 것이었습니다. 그러나 『어린 왕자』는 이와 같은 기준으로는 이해할 수 없는 책이었습니다. 그래서 제가 오랜 시간 이 작품을 이해하지 못했었나봅니다. 이제 저 역시 재희와 함께 B612를 떠나 나만의 의미를 창조하려 합니다.

10. 다시 꿈꾸다

제 앵무새 꿈에서 시작된 여정이 한 권의 책으로 마무리되었습니다. 학생들이 한 말들을 저만 듣고, 학생들이 제출한 시험지를 혼자 읽는 것이 너무나 아까웠습니다. 이 이야기들은 세상을 만나야 한다고 생각했습니다. 대중의 마음과 학생들의 마음을 잇는 다리가 되고자 시작한 프로젝트이기에 작업하는 내내 든든했습니다. 학생들이 말한 내용에 대한 확신과 믿음이 있었기 때문입니다. 같은 과의 권혁인 선생님과 산업심리학과의 이상희 선생님은 이 프로젝트를 진심으로 응원하고, 함께 꿈꾸어주셨습니다. 이제 서로의 꿈을 아끼고 존중하고 이루어주는 이 길들임의 신화에 독자들을 초대합니다.

나오는 말

내 마음속의 양

『어린 왕자』 이야기를 정리하지 않을 것입니다. 삼각형의 꼭짓점에 앉아 모두 이해한 듯 말하고 싶지 않습니다. 그것은 학생들이 들려준 소중한 이야기들을 제 방식대로 재단하는 것에 불과합니다. 여기서 더 말하지 않으려 합니다.

다만, 작가의 선택에 대해서는 부연하고 싶습니다. 작가는 어떤 양을 선택했을까요? 『어린 왕자』에서 우리는 양의 그림을 볼 수 없습니다. 누군가는 투시하여 양을 보았을 겁니다. 그건 마음으로만 볼 수 있으니까요. 여러분은 양이 보이셨나요? 하늘을 보세요. 양이 바오바브나무를 먹고 있나요, 아니면 장미를 뜯어먹고 있나요? 생텍쥐페리는 바오바브나무를 먹는 양이 되기 위해, 사랑하는 장미를 지키기 위해, 그리고 그 장미에 대한 책임을 지기 위해 독일에 점령당한 조국으로 돌아갑니다. 『어린 왕자』가 출간된 이듬해, 정찰비행 중 그는 실종됩니다. 그렇게 그는 자신의 별로 돌아갔습니다.

어린 왕자는 오늘도 난데없이 우리 앞에 나타나 우리가 어떤 상황에 처해 있건 개의치 않고 이상한 요청을 합니다. "저기…… 양 한 마리만 그려줘……" 그에게 어떤 양을 그려주시겠어요? 아, 저 역시 편지를 움켜쥐고 말았네요. 지금은 제가 독자 여러분을 삼각형의 첫 번째 자리로 초대하며 두 번째 자리로 물러날 시간입니다. 그러나 저는 이제 지금 이 자리에서도 사랑하는 이들을 위해, 그리고 저 자신을 위해 다시 꿈꿀 수 있습니다. 독자들이 삶과 사랑과 미래를 꿈꾸는 데 이 책이 도움이 되길 바랍니다.

어린 왕자, 진짜 중요한 건 눈에 보이지 않아

— 어린 왕자 심리 수업

1판 1쇄 발행 2018년 6월 12일
1판 2쇄 발행 2024년 5월 24일

지은이 · 김서영·김건욱·김은빈·박재희·손병진
이수빈·이창수·이혜림·조일남·지승엽
펴낸이 · 주연선

총괄이사 · 이진희
책임편집 · 최민유
편집 · 심하은 백다흠 강건모 이경란 윤이든 양석한 김서해
디자인 · 이지선 권예진 한기쁨
마케팅 · 장병수 최수현 김다은 이한솔
관리 · 김두만 유효정 박초희

(주)은행나무
04035 서울특별시 마포구 양화로11길 54
전화 · 02)3143-0651~3 | 팩스 · 02)3143-0654
신고번호 · 제 1997-000168호(1997. 12. 12)
www.ehbook.co.kr
ehbook@ehbook.co.kr

ISBN 979-11-88810-27-7 (03180)